I0839789

Vincent Folliot

Les réseaux sociaux rendent-ils idiot ?

La société de l'évitement figurée par Facebook et Twitter est-elle encore apte au politique ?

- Essai -

À Anselme.

Ce travail critique, indépendant et citoyen, est libre de ton. L'ironie et l'apostrophe y sont utilisées comme anticoagulant à la tyrannie de l'existant.

> *« Nous ne pouvons plus jouir de la liberté des anciens, qui se composait de la participation active et constante au pouvoir collectif. Notre liberté à nous doit se composer de la jouissance paisible de l'indépendance privée. »*
>
> Benjamin Constant, « De la liberté des anciens comparée à celle des modernes », 1819, in Écrits politiques, Gallimard, coll. «Folio-Essais», 1997.

Dans la pensée classique grecque, l'idiot (idiôtês) est *« l'imbécile qui ne s'occupe que de ses propres affaires »*. Souvent évoqué par Cornélius Castoriadis, fin connaisseur de la démocratie athénienne et de l'idiotie actuelle généralisée, l'idiot, dans son intemporalité, privilégie donc ses affaires privées plutôt que le bien commun. Il aliène sa fonction citoyenne, émancipatoire, et fragilise la démocratie, ouverte aux démagogues. Ceux-là flattent la propension des citoyens à l'idiotie et inhibent cette « parrhèsia » que Castoriadis définit comme « *l'obligation de dire franchement ce que l'on pense à propos des affaires publiques* » (Cornelius Castoriadis, *La Cité et les Lois. Ce qui fait la Grèce*, Le Seuil, 1983-1984).

Mais quel rapport entre l'idiot et les réseaux sociaux numériques présentés ? Ce travail tente de sonder les artifices de diversion, de mesurer la puissance des subterfuges, qui concourent à la dépolitisation de la masse des inscrits. Cette masse, que les réseaux sociaux montrent comme unitaire, mondiale, a les propriétés de l'éponge : porosité, absorption et douceur. L'idiotie concoure donc à l'imbécilité, tant qu'elle empêche l'expérience (ici politique) dont, étymologiquement, l'imbécile est dépourvu. Avec les réseaux sociaux par Internet, nous nous éloignons de la réalité du sens civique, de la prise de risque que Michel Foucault a magnifiquement bien perçu et dit dans son dernier cours au Collège de France, intitulé « Courage de la vérité ». Courage d'aller vers le débat, d'avancer à découvert, non masqué et hors mise en scène de l'identité numérique, de dire, de contredire « l'ami ». L'amitié virtuelle ? Les réseaux sociaux par internet l'ont délayée, telle une pâte à crêpes étalée sur la poêle sans bords (mondialisation oblige), sans adhérence, enrobée, lissée par le téflon efficace d'un discours d'enrobage et de sucre.
Sans doute est-il paradoxal d'ériger la figure de l'idiot/imbécile quand celle du troll est plus loin critiquée. Mais l'idiot n'est pas une affaire nouvelle et ne présuppose rien de fondamentalement négatif. Il est présent – comme

personnage conceptuel – chez bien des philosophes désireux de mettre en scène leur discours, le tester, actant ces quatre mots de Gilles Deleuze pris à Vincennes : « *Philosopher, c'est faire l'idiot* ».

Seulement, l'idiot évolue désormais dans un vide absolu. Il est immergé dès l'âge tendre dans Facebook, englouti dans un état liquide via de multiples identifiants et mots de passe, première étape codifiée du verrouillage. L'ouverture d'un compte, de tous les comptes, s'invite comme démarche signifiante de l'acceptation molle des règles imposées pour accéder à l'information, à la mise en scène, à la reconnaissance. La technique, automatisée, fait le reste, tantôt sourcilleuse, tantôt facilitatrice. Ce sont ces gimmicks pseudo-sécuritaires invitant l'idiot à attester sans cesse son identité (virtuelle) ou à utiliser son avatar Facebook comme accessit à d'autres plateformes, en un seul clic.

Mais, tout n'a-t-il pas déjà été dit ? Cette petite étude ressasse ce que d'autres ont infiniment mieux analysé et à qui maintes citations exemplaires sont proposées en contreforts. C'est une invitation à leur lecture. Le mathématicien et philosophe Gilles Châtelet évoquait avec force, il y a 15 ans déjà, cet *homo-communicans*, comme la : « *[…] transparente créature des services tertiaires, habitant-bulle d'une société sans conflit ni confrontation sociale « archaïque », se flattant d'être aussi proche que possible du Faible de Nietzsche, de n'exister que comme ténia cybernétique perfusé d'inputs, vomissant des outputs et totalement soumis aux fluctuations de « l'environnement* » (Gilles Châtelet, *Les animaux malades du consensus*, Lignes, 2010).

Le mot « environnement », qu'utilise Châtelet, doit être ramené au vocabulaire naturaliste que les adulateurs du Web 2.0 utilisent à foison. Toujours la question du discours. La source est celle des écosystèmes, de l'écosphère, de l'écologie, mots vertueux et sains qui sous-tendent l'idée de symbiose, de l'interconnexion par des réseaux d'échanges. Certains y voient un système total, intelligent et autonome, un quasi-état de nature à l'heure de l'environnementalisme esthétisant. De cette matrice vivante, dans laquelle il serait bon de se fondre afin d'en découvrir le maillage, considérons cet acte du faible lucide (car averti de ce qui l'asservit) et qui transforme sa faiblesse en vertu, en contemplation quasi esthétique du réseau des réseaux. L'arrivée du « troll » montre que le ressentiment du faible nietzschéen a trouvé une figure à répudier, forte des valeurs brandies contre lui, en un maelstrom sanitaire et libéral: démocratisation, sociabilité, performance, ludisme. Voilà ce qui gonfle l'éponge.

15 % peut-être de la planète serait inscrit sur Facebook. Ce n'est pas rien. Difficile de vérifier cette donnée, mais elle confirmerait ce que certains considèrent comme l'aphorisme heureux de la leçon « technodouliste ». Par ce néologisme, nous évoquons l'illusion (*eidôlon*) des bienfaits de la *tekhnê* (l'action efficace) productrice d'artefacts et porteuse d'un discours (*logos*) que l'on dira « techno-logique ». Les technodoules en sont les prêtres, les prosélytes, et paraitront, aux yeux des idiots, comme la crème de l'expertise. Premier exemple chez Al Gore, ancien vice-président de l'ère Clinton, devenu chantre du développement durable.

« *La radio a mis trente-huit ans pour parvenir à cinquante millions d'habitants, l'ordinateur personnel a mis seize ans et la télévision treize ans. Il n'a fallu que quatre ans à internet pour parvenir à ce résultat* » (Extrait d'une allocution à l'Union Internationale des Télécommunications, Minneapolis, 12 octobre 1998).

À ce constat exponentiel, les plus pressés rajouteront trois ans à l'iPod d'Apple et deux ans pour Facebook, insertion progressive de la marque déposée pour un final encore perfectible : la mondialisation instantanée d'un phénomène à slogan et logo.

Prenons Facebook. Qui aujourd'hui est choqué par cette accélération de l'histoire qui prouve la perméabilité délirante, en un rien de temps, d'une société dont les individus s'imbriquent virtuellement dans le fantasme d'un programmeur devenu milliardaire ? Quelles logiques sous-jacentes doivent être vues pour comprendre l'omniprésence d'une firme dont le logo « f », blanc sur fond bleu, s'accroche sur le Web tel le sparadrap du capitaine Haddock, condamnant l'internaute au seul « J'aime » avant de rejoindre la communauté des amis aimants ? Là, se pose la question du comportement mimétique d'un milliard d'inscrits. Le nombre fait loi, mais s'ébahir devant le milliard, derrière les myriades, c'est ne voir la prolifération que comme seul sens.

Ces questions et toutes les autres seront évacuées, car elles perturbent le principal. Il faut se débarrasser de la contrainte temporelle, de cette inertie pesante quand l'heure est au mouvement, à la vitesse. Ne faut-il pas faire « bouger les choses » ? Voilà les éléments indispensables pour anticiper puis satisfaire au plus près l'envie à échelle planétaire ! J'entends par évacuer, la digestion rapide de la critique (que tout le monde trouvera pourtant nécessaire) sous les sucs gastriques du consensus, de l'ouverture à toutes les opinions et sa transformation en gruau expurgé par la contrainte temporelle, puisqu'il faut aller vite, puisqu'il faut avancer.

Pourtant, les réseaux sociaux numériques, qu'ils soient généralistes (Facebook, Google+, Twitter) ou spécialisés (sites de rencontres, par exemple) apparaissent comme des instruments de liberté, d'égalité, tant pour l'individu (opinion, expression, information) que pour la visibilité d'agrégats sociaux (communication, cohésion, coordination) par les capacités techniques offertes (facilité, interopérabilité, simultanéité). Voilà l'apologie.

C'est un postulat que tout le monde trouvera positif. Le public est abreuvé de ce vocabulaire entre parenthèses qui se retrouve dans tous les PowerPoint et autres productions linéaires, à slides, d'expert ès web 2.0 ou coach de vie. Ces scories du discours managérial expriment le bienfondé, tant pour le bon business que pour l'émancipation individuelle, des réseaux sociaux dont Facebook ou Twitter sont, pour l'instant, les icônes les plus représentatives.

Le principe est simple, sans défaut. Tout le monde peut et doit s'exprimer, gage d'une démocratie saine. Un tweet balancé et l'immédiateté s'allie à la transparence. Tout doit être dit et entendu. Il y a parfois quelques bévues accompagnées de regrets mais rien de grave. Dans la litière où tout s'accumule, seuls les derniers flux sont gages de fraicheur, donc d'intérêt. Les flux se sont adaptés au formalisme du tweet, et de Twitter il est également question.

D'abord, un peu de visuel : l'oiseau bleu, icône récemment renouvelée de Twitter, serait un clin d'œil à l'ancienne gloire du basket Larry Bird dont le fondateur, Jack Dorsey, est fan. Ce logo a été murement réfléchi et doit faire autorité. Nulle digression ne sera permise autour des trois cercles se chevauchant et qui forment l'oiseau unique (un temps on aurait dit l'homme nouveau), trouvaille du design communicationnel au service d'une nostalgie d'enfance. L'avifaune qui, invitée en masse, s'y presse en de brefs gazouillis (toujours les flux), dans l'objectif unique de la parade, témoigne de la force d'un langage imposé et de son logo régressif accolé.

Peu importe la manière, rétorquera le technodoule visionnaire. Les prêtres vivant au tempo de la loi de Moore, l'exaltation sur ce qui doit être, contredit la durabilité de ce qui est. Il est de bon ton de souhaiter la mort des empires actuels et d'assister à l'affirmation des « petits ». Considérons d'ores et déjà la victoire de Snapchat, l'application en vogue pour smartphones, permettant d'envoyer des photos dont la courte durée de vie est assurance de succès comme nous l'annonce son créateur Evan Spiegel : *« Il s'agit essentiellement de faire en sorte que les conversations redeviennent fun. »* (Blog TechCrunch, octobre 2012). Le fun a ceci de remarquable qu'il épouse sans doute les cycles économiques, qu'il connait ses périodes de croissance, de crise, et qu'en période de disette

« funistique », il doit remobiliser des talents nouveaux que la technique transcendera en succès planétaire.

Si la surenchère touche le rapport au temps (fugacité, simultanéité, instantanéité), elle évacue notre perception de l'espace et fait naître de nouveaux territoires. Il y a une géographie web 2.0 comme il y a une démocratie 2.0, une entreprise web 2.0, une cuisine web 2.0, etc. Deux-points-zéro, slogan techno-logique épelé, affect de modernité, en attendant la prochaine mise à jour vers la version 2.1 ou, pour plus d'audace, vers une version 3.0. Les réseaux sociaux misent sur la mobilité, le nomadisme - cela avive notre orientalisme - donnant raison à Baudrillard : *« Nous ne chercherons pas le changement et n'opposerons pas le fixe et le mobile, nous chercherons le plus mobile que le mobile : la métamorphose... »* (Jean Baudrillard, *Les stratégies fatales*, 1983 – livre écrit dans le contexte du lancement du minitel).
Il faut « faire bouger les choses » (bis).

En corolaire à la dépossession du sens politique de la masse, la pertinence de l'espace public est posée. Au-delà de la vague des apéros Facebook et autres formes de privatisation de l'espace (virtuel et réel), réalisons l'invasion récente des tablettes tactiles et smartphones à écran plat et au gloss séducteur pour internautes mobiles donc libres. À la suite de Jacques Ellul, nous récusons la neutralité de la technique par la dénonciation de la sacralité de son environnement qu'ont mis à profit, en ce qui concerne le choix de ce livre, les créateurs des deux principaux réseaux sociaux sur internet. La recherche d'une plus grande rationalité, d'une meilleure efficience à renchérir le jusqu'au-boutisme libéral, voilà la promesse prétendument émancipatoire. Rien ne peut donc freiner la vision portée par l'ingéniosité technologique. Rien ne saurait freiner le progrès, c'est bien connu et finalement très simple. La complaisance à un état de fait, à ce qui est, cautionne l'acceptation molle de ce qui sera.

CHAPITRE 1 - FACEBOOK OU L'IMPOSSIBILITE STRUCTURELLE DU CONFLIT

« <u>Comment le réseau social a changé ma vie ?</u> »

« *Si ma mémoire eût passé à la postérité, elle n'y eût passé que comme celle d'un malfaiteur dont on se souvient uniquement pour le détester* »

(Jean-Jacques Rousseau, *Œuvres complètes, t.4*, 1836)

Le temps est l'ennemi de Facebook : expansion rapide, croissance exponentielle des inscrits, développement d'une concurrence agressive. Mais l'accélération n'est pas forcément le gage d'une imprégnation durable. Facebook n'étant que la créature d'un système englobant, qui lui survivra par d'autres avatars, l'entreprise doit sans cesse légitimer sa place, donc la trace que la postérité lui octroiera. Or, toute entreprise mémorielle fonctionnant sur une sélection (mise en avant, occultation), le site « Facebook Stories » propose une vitrine léchée qui – nous assure-t-on – saura vous convaincre, émotif que vous êtes, du bien fondé d'en être.

À l'intérieur, l'internaute découvre une suite de témoignages émouvants, poignants, qui coulent tel un sirop pour la gorge, rassurant les inscrits hésitants et les sceptiques. L'amour et la générosité côtoient les récits de victimes de catastrophes qui ont pu rassurer familles et amis. Bref, Facebook sauve. Les témoignages emphatiques agissent tels des ex-voto sur l'autel de la passion numérique. Cela peut donner : « Facebook m'a sorti de ma solitude » ou « Grâce à Facebook, j'ai vaincu ma dépendance à l'alcool ». Les pentecôtistes apprécieront les formes de repentance également visibles. On donne à voir ses fautes pour obtenir le pardon cautionné par le nombre de « J'aime », pouce levé. Dans l'arène de la complaisance, un rebirth est possible. Au-delà de la simple velléité, typiquement marchande, à voir en Facebook un outil indispensable à la destinée humaine, s'y ajoute une dimension quasi thaumaturgique que relayent les médias traditionnels à chaque fois que l'actualité cible une catastrophe.

Au regard critique et distancié qui se demandera quelle figure politique ou religieuse a pu, en si peu de temps, étendre un tel monde sur le mode apparent de l'adhésion, les technodoules - en prêtres - érigeront diverses hypostases du génie visionnaire. Apparaitront, à l'envi, les Steve Jobs, Marc Zuckerberg, Jack Dorsey, Larry Page, respectivement fondateurs des marques déposées Apple, Facebook, Twitter, Google, érigés en oligarques de l'internet. Autant d'hypostases pour une seule nature, celle de l'autonomisation technicienne que l'internet connaît. Soit un espace façonné par l'unicité du parcours technopolitain des créateurs d'une aliénation globale, dans un sens feuerbachien, de l'internaute.

Les hommages rendus à Steve Jobs, fondateur d'Apple, ont d'ailleurs montré comment le mot « révolutionnaire » est aujourd'hui entendu et galvaudé.

Une genèse conflictuelle

Par souci d'efficacité, la critique doit s'accrocher aux figures de proue à la manière d'un gaillet grateron sur un tissu bien coupé (le tweed pas le tweet). Facebook ou Twitter ne sont pas des structures acéphales. Dans son adaptation des « Raisins de la colère » de Steinbeck, en 1940, John Ford fait dire à un fermier dépossédé de sa terre « *Alors sur qui il faut tirer ?* » Pas de réponse, mais l'évidence d'un système insondable dont la nébulosité est en soi décourageante pour qui veut lutter. Avec le Facebook de Mark Zuckerberg, c'est choisir à la fois l'œuvre et la figure comme cible unique, déjà ostensiblement la plus évidente, car la plus exhibée. Cela répond à un souci pédagogique et une nécessité critique.

Jérôme Batout, dans un article éclairant, a bien montré l'expérience tragi-comique de la vie à Harvard du fondateur à capuche de Facebook, Mark Zuckerberg. La genèse de son invention devant être remise dans le contexte de remous conflictuels d'adulescents à l'attitude pour le moins irréfléchie. Facebook s'inscrirait, selon l'auteur, dans la recherche d'une « utopie sociale ». Entendons là comme un exutoire pacifié où résiderait la possibilité d'un espace social d'amis évitant a priori les conflits exacerbés, les maîtrisant jusqu'à permettre leur règlement violent – mais dans l'ambiance feutrée de la possibilité technique - par l'éviction et le rejet.

« [...] il y a cette donnée qui finalement fait débat : est-il sain de se projeter régulièrement sur un espace social qui refoule systématiquement la dimension de la dissension ? C'est parce que Facebook propose une utopie sociale qu'il suscite des réactions d'adhésion et de répulsion si nombreuses et si fortes [...] » (Jérôme Batout, *Le monde selon Facebook*, revue Le Débat, numéro 163, janvier-février 2011).

Sans doute cet espace refuge est-il l'antithèse projetée par Zuckerberg des tumultes que la fondation de Facebook a connus. En 2010, le film de David Fincher « *Social Network* » en a livré une illustration bien documentée et plutôt réussie. Retenons les accusations de plagiat, de la mise au pas d'anciens collaborateurs et les penchants de Zuckerberg à la domination, aux caprices d'un succès désormais enrobé par les stratégies de communicants. L'affaire et le silence se résolvant à coups de millions, les sales coups entre quelques-uns deviennent une broutille. Ils agrémentent même l'image du programmeur gentillet en roublard habile, ce qui n'est pas pour déplaire, les paradoxes font fantasmer au pays de l'American way of life.

Pour autant, le contexte conflictuel lié à l'émergence de Facebook a été largement diffusé et participe au « mythe Facebook ». On retiendra que la médiocrité intellectuelle, l'immaturité comportementale des différents protagonistes sont finalement les clés d'une réussite à portée planétaire. C'est une leçon donnée, un pied de nez, pour qui pensait que la stratégie de l'évitement et la « violence » de la répudiation sociale n'étaient pas des solutions du vivre ensemble. Au contraire, Zuckerberg, modèle d'opportunisme, affirme la capacité technicienne à autonomiser en fondement libéral un principe simple et puéril : la vision naïve – mais ô combien partagée - qu'il porte d'un monde fantasmé, le sien.

Voilà donc l'homme dont le projet sera suivi. Voilà les tourments messianiques qui l'agiteraient, d'Harvard à Palo Alto, dans ces incubateurs technopolitains où tout est possible, où les Steve Jobs, Bill Gates, ont été les précurseurs visionnaires, les porteurs d'un « esprit révolutionnaire » érigé par les technodoules. D'aucuns parleront de génies. À leur suite, des comportements extrêmes de fans attentifs et fébriles à chaque artefact ou décision prise pour accroitre leur propre cyberservilité. La mise à jour est une donnée principale du problème : l'update, c'est l'ouverture à de nouvelles fonctionnalités, à de nouveaux champs du possible... Tout cela est attendu, entendu, tient en haleine et verrouille l'imaginaire des utilisateurs aux temporalités des firmes.
L'entrée tumultueuse de Facebook en bourse a montré le net découplage entre le risque financier (surévaluation, bulle, viabilité) et la logique sociale, universaliste, de Zuckerberg :

toucher deux milliards d'internautes. La firme mise désormais tout sur le mobile - donc le nomadisme – tant pour donner raison à Jacques Attali (*L'homme nomade*, Fayard, 2003), que pour s'ouvrir aux pays les moins avancés et plus spécifiquement à un continent africain pauvre en infrastructures. C'est un pari habile. La mondialisation ne peut admettre l'existence d'isolats non-connectés et se satisfait de sauts techniques qui font gagner de précieuses décennies. Pas d'électricité faute d'infrastructures ? Voici les portables à énergie solaire. Ecologie prônée et connexion garantie.

Pourtant, des voix prônent l'occultation du « problème Zuckerberg » pour inviter à se concentrer uniquement sur le devenir de Facebook comme modèle d'alternative communautaire et, comme le souligne l'anthropologue américain Daniel Miller, d'y analyser « *l'impact radical sur nos vies* » (Daniel Miller, *Tales from Facebook*, Polity press, 2011). La recette est éprouvée et suit un schéma de pensée binaire, béat, affichant ce qui est vertueux (vaincre la timidité, se faire des amis, pondérer ou renforcer la pression sociale réelle, etc.) et brandissant en même temps la possibilité des menaces (harcèlement, utilisation des données privées, etc.). Cette vision duale n'est nullement critique et constitue un fondement même de la force des réseaux sociaux qui l'ont parfaitement intégrée.

<u>L'intégration de la contestation</u>

Jusqu'à un certain point, la critique tenue sur Facebook est englobée dans le scénario même de son succès et fait diversion. En point de départ, l'exposition de soi porte, en germes, des risques d'appropriation frauduleuse, ou non désirée, de données que les inscrits déclameront comme personnelles, intimes, dès lors que leur publicité échappera à tout contrôle. Le sermon ciblera les mineurs et avertira des risques que leur immaturité et insouciance peuvent amener. Rappelons qu'en France, 64 % des 11-13 ans ont un compte Facebook, 80 % des 13-15 ans et 92% des 15-17 ans. Un tiers de ce petit monde-là y consacre entre une heure et deux heures par jour *(chiffres issus d'une enquête de fin 2011 de l'agence Calysto).*

Le tragi-comique est celui de l'âge minimal auquel Facebook s'accorde à accueillir les internautes. Treize ans étant la limite que le Children Online Privacy Protection Act (loi des États-Unis protégeant les enfants) autorise pour s'inscrire sur un réseau collecteur de données personnelles sans l'autorisation des parents. En deçà, voici l'institution du mensonge généralisé sur les profils de ceux qui n'ont pas l'âge autrefois requis pour la communion solennelle. Devant ce fait accompli de la cyberservilité enfantine, Facebook légitime son incapacité à résoudre le problème de l'interdit pour le contourner en misant sur des prétextes sainement moraux. L'idée est simple : l'interdit ne vient pas de Facebook, prompt à accueillir les plus jeunes sans limite d'âge. Leur intégration se ferait dans un cadre dit bienveillant où les parents auraient un droit de contrôle sur leur progéniture, afin de les protéger de ce que Facebook rend paradoxalement possible en déviances.

Sur ces risques, Facebook se montre d'ailleurs particulièrement sévère, les condamnant au travers d'une déclaration des droits et responsabilités plutôt cocasse. Chacun est invité à une attitude responsable. Cela signifie que la bulle de protection de tout inscrit se fera par l'approche subjective et non neutre qu'il a des autres, de lui-même et des menaces potentielles que des outils supplémentaires de filtrage et de délation neutraliseront. En clair, l'individu, dans sa liberté la plus féconde, est invité à se déresponsabiliser par le biais d'artifices techniques promus par Facebook, assurance d'une réponse rationnelle à ses préoccupations.

Nul doute que la masse du milliard approuve, avec plaisir, ce transfert de responsabilité à des robots, dans une irresponsabilité que Jean Baudrillard évoquait comme un délestage, doublé d'un spectacle et que guiderait notre inconscient ironique face au dérisoire. Cette masse (toi, moi) a été reconnue comme personnalité de l'année en 2006 par le Time magazine, qui aura rectifié sur Zuckerberg en 2010. La masse a toujours besoin de figures de proue.

Le confort lié à la mise en œuvre de ces barrières, plus ou moins sélectives, plus ou moins poreuses, se fonde sur l'invisibilité sociale de l'action. La personne bloquée par l'inscrit n'est pas censée le savoir. Fort de ses outils techniques, Facebook applique une politique de contrôle nullement neutre, censurant de son propre fait, bannissant sur la seule foi de dénonciations et autres travers qui étonnent ses utilisateurs, soucieux à la fois d'une prestation à la mesure de chacun, mais résolument captifs des discours moraux assénés qui feront consensus.

Si le dénonciateur, après tout, est satisfait de voir le dénoncé évincé, les deux ont applaudi pour le traitement égalitaire de leurs profils respectifs vis-à-vis de la pédophilie, la discrimination et autres maux communément et à raison rejetés. Afin de désamorcer préventivement tout conflit et éviter toute susceptibilité froissée, la firme régule consciencieusement la mise en ligne des millions de photos données à voir. La censure prend une tournure rigide où s'équivalent, sur l'autel de la chasteté, « l'origine du monde » de Courbet, le sein d'une femme qui allaite ou une activiste Femen. Le cadre règlementaire de Facebook transmet une forme de puritanisme anglo-saxon à échelle mondiale que d'aucuns s'amuseront à contourner. Mais ce cadre ne fait-il pas diversion par son absurdité, absorbant tant ceux qui l'acceptent, que ceux qui en titillent la rigidité ? A tous les coups, le téton, vrai ou masqué, sera approuvé par la masse des « J'aime » tant que le téton ait encore l'ombre d'un sens pour l'œil blasé.

La lecture attentive de cette déclaration des droits et responsabilités - que le milliard d'utilisateurs a approuvée sans la lire - est assez édifiante. Tout en se prémunissant d'éventuels litiges, le discours oscille entre responsabilisation de l'inscrit vis-à-vis de ses actes et quasi laisser-aller quant à l'utilisation des contenus et des comportements à des fins commerciales. En d'autres termes, le bâton est brandi contre certaines dérives qui, annoncées, feront consensus, mais Facebook laisse un grand flou sur ces « droits et responsabilités » dont il qualifiera lui-même, en toute souveraineté, les contours et la portée.

Illustration cocasse autour de cette combinaison ubuesque partie, en 2009, d'une opération marketing de la société de fast-food Burger King. Le « Whopper sacrifice » demandait à chaque client d'éliminer dix « amis » Facebook, par le biais d'une simple application, pour bénéficier d'un whopper gratuit (le whopper est un hamburger). Au-delà de la quantification d'une personne affublée du mot « ami », valorisée à l'aune d'une bouchée d'un hamburger à deux euros, la réaction de Facebook à cette saucée a été exemplaire. Face à l'hémorragie ketchup qui amena à l'éviction, en quelques jours, de 230 000 amis avertis de la vanité causant leur radiation (la faim et 23 000 burgers vendus), Facebook estima qu'il y avait là une violation de sa charte sur la vie privée. La notification automatique de suppression déclarée n'étant tout simplement pas concevable, pour Facebook, elle est un non-sens.

L'impossibilité préalable du conflit trouve une consécration fallacieuse dans le contournement même des conditions d'émergence de tensions que l'évincement caché de l'autre n'aura pas permis dans l'espace social de Facebook. Le réseau d'amis ne laisse rien entrevoir. Il est lisse d'aspérités conflictuelles et offre à l'inscrit la responsabilité de croire que sa vie virtuelle, en réseau social, agit territorialement en

« gated community », soit un espace pleinement pacifié, à l'abri des antagonismes et de leurs potentialités d'émergence. La question spatiale n'étant que le corolaire virtuel de tendances de vies cloisonnées bien réelles.

Sur Twitter, c'est la fonction « block » qui rend l'inscrit imperméable aux commentaires, messages de ceux qu'il aura ciblés avec cette fonction. La solution technique consiste ici non pas à rendre l'autre aphone, mais à l'envelopper d'une sorte de chambre anéchoïque. Vous ne l'entendez pas, mais sa liberté d'expression reste assurée. L'attitude est élégante, discrète, libérale.

Reste qu'il est nécessaire de creuser cette répudiation préalable du « conflit ». Entendons-nous sur le sens à donner au terme et qu'il faut ramener à ce que Jean-François Lyotard appelle le « différend ».

« J'aimerais appeler différend le cas où le plaignant est dépouillé des moyens d'argumenter et devient de ce fait une victime. Si le destinateur, le destinataire et le sens du témoignage sont neutralisés, tout est comme s'il n'y avait pas de dommage. [...] Faire droit au différend, c'est instituer de nouveaux destinataires, de nouveaux destinateurs, de nouvelles significations, de nouveaux référents pour que le tort trouve à s'exprimer et que le plaignant cesse d'être une victime.» (Jean-François Lyotard, *Le différend*, Les éditions de minuit, 1984).

Lyotard montre bien que le différend porte non sur des personnes, mais sur la possibilité du langage lui-même. La formulation ouvre la possibilité que les conflits puissent, en premier, apparaitre pour, éventuellement, être résolus. Étouffer a priori ce droit au différend c'est également refuser qu'il devienne tant l'objet d'une politique, que d'en faire sortir des sujets de débat.

Facebook illustre cette impossibilité-là.

Certes, il y a de nombreuses pages du réseau social qui s'érigent comme espaces de débat politique où tous les membres sont modérateurs avec la possibilité d'intégrer le groupe sans approbation d'adhésion. Idéal, non ? Pourtant, ces groupes, dits « ouverts », en autogestion, répercutent l'autorité de chacun sur les règles à respecter, dans une subjectivité toujours conditionnée par le règlement de Facebook et par la mise en scène des profils opérée lors de l'inscription. La nature de l'espace où se produisent les « débats » et qui conditionne les profils, les modalités d'expression et de publicité n'est donc en rien neutre.

CHAPITRE 2 - LE DESIR D'UNE SOCIETE SANS CONFLITS

Le troll est-il mon ami ?

« [...] un « troll » est une personne qui participe à une discussion ou un débat [...] dans le but de susciter ou nourrir artificiellement une polémique, et plus généralement de perturber l'équilibre de la communauté concernée [...] L'expression peut aussi s'appliquer à un message dont le caractère est susceptible de provoquer des polémiques ou est provocateur, ou auquel on ne veut pas répondre et qu'on tente de discréditer en le nommant ainsi. Le mot « troll » peut également faire référence à un débat conflictuel dans son ensemble. »

Encyclopédie en ligne Wikipédia – article « Troll »

Ne pas faire émerger le différend c'est l'impossibilité de discuter avec ce qui ne peut dès lors être un « ami » ou un

« follower ». De quoi nous interroger sur cet autre, sur cette figure invisible, qui ne peut être informée qu'elle ne vaut pas un whopper.

Un vocabulaire régressif a pris la mesure de ce verrouillage, prêt à censurer préventivement tout ce qui est contraire à la doxa par l'érection d'une nature archétypale à éviter, potentiellement fautrice de troubles : le troll. Le troll n'est pas une idée, c'est le porteur d'idées, c'est l'homme, caractérisé, désigné comme tel par un nom commun dépréciatif - qui ici désigne le monstre, comme en France on aurait dit le Boche en 1915. Sa nature en fait un indésirable. Pourtant, si le parallèle du terme avec le monde des jeux vidéo, du ludique, en affaiblit sa portée, son sérieux, le troll (goguenard) s'inscrit dans le paysage actuel de la sociologie et de la psychologie, disciplines soucieuses de comprendre les interactions propres aux communautés de l'internet.
Ainsi, nous assistons à l'émergence savante d'une typologie du troll décliné en hybride, involontaire, revendicatif, au verrouillage taxinomique du vilain classifié. Au Royaume-Uni, une proposition de loi sur la diffamation souhaite les éradiquer en obligeant les sites où ils sévissent à délivrer aux autorités leur identité ou adresse IP. Cela précipiterait les démarches juridiques outre-Manche pour que les victimes potentielles puissent faire valoir leurs droits. Question d'anticipation et de pragmatisme libéral.
Nombreux sont désormais ces cas affichés de cyberbullying où des personnes, bien souvent des adolescents, sont victimes de harcèlement sur les réseaux sociaux, eux-mêmes devenant, en

même temps, le support d'un activisme anti-harcèlement. Pour lutter, des campagnes de Twibbon sont menées sur Twitter. Le but est d'épingler, sur la photo de chaque membre volontaire, le badge qui fera consensus et congruence autour d'un signe ostentatoire de reconnaissance et de commémoration. La solidarité est un principe hors critique.

Face aux risques d'être sur les réseaux sociaux, une surenchère de signes se fera sur ces mêmes réseaux pour masquer la question illusoire : pourquoi y être ? La diversion passant notamment par l'interdiction de l'anonymat, le troll, lui, sera l'aléa qui nourrit le risque, une figure de proue unique qui mêlera pervers, contempteurs, apologistes, critiques, etc. dans l'insondable réappropriation, par chacun, des limites à poser pour voir émerger sa nature honnie.

À son bénéfice, les tenants de l'intégrité communautaire diront qu'il consolide l'ordre social créant une saine solidarité contre lui. Il aurait même une vocation assurément politique. Sur son blog, le sociologue-geek Antonio Casili voit dans un « trollétariat », les nouveaux canuts, sabotant « *[...] la machine à tisser le lien social qu'est devenu internet [...] Ils nous rappellent la possibilité – mieux, la certitude – du conflit et de sa force mercurielle, qui attire et fascine.* » (Site *http://www.bodyspacesociety.eu*)

Au-delà de toutes ces inepties qui, à aucun moment, ne parlent de l'individu, de l'homme, que dire ? Ne pas entendre le discours de l'autre s'établit par le martèlement d'un discours a priori sur la figure englobante de l'autre. La méthode se prétend quasi scientifique, permettant à chacun d'identifier - à sa mesure et sur ses propres critères – le risque du troll et sa dangerosité non pour soi, mais, par projection, pour la communauté voire la société entière. Il y a là une dimension totalisante des plus inquiétantes dont le désir de mater la subversion de la langue n'est pas le moindre aspect.

Gilles Deleuze dans *Nietzsche et la philosophie* (1962) nous dit ceci : « *Le plus frappant dans l'homme du ressentiment n'est pas sa méchanceté, mais sa dégoûtante malveillance, sa capacité dépréciative [...] L'homme du ressentiment ne sait pas et ne veut pas aimer, mais il veut être aimé. Ce qu'il veut : être aimé, nourri, abreuvé, caressé, endormi. Lui, l'impuissant, le dyspeptique, le frigide, l'insomniaque, l'esclave. [...] Il considère donc comme une preuve de méchanceté notoire qu'on ne l'aime pas, qu'on ne le nourrisse pas* ».

Enfin – et cela n'étonnera personne -, tout le monde est susceptible de devenir troll. Le mal étant à l'intérieur de chacun d'entre nous, il agirait comme une cinquième colonne permanente dans le grand corps social en expansion de l'internet. Après le vocabulaire environnemental (écosystème...), le côté biologique, médical de la chose. Sur Facebook, le quotidien Libération titrait : « *la viralité est la fois sa force et sa faiblesse - le modèle de Facebook est fragile, car il ne parvient pas à monétiser son exceptionnelle audience* » (Libération du 17 août 2012). La viralité, c'est le terme réapproprié par le marketing (ce qui veut dire aseptisé) pour montrer la diffusion rapide - et il y a même une viralité 2.0 - d'un phénomène porté par le slogan de la réussite : « *La condition indispensable à la mécanique de la viralité c'est l'interaction* » nous dit-on à la même source. Visiblement, le troll, réel virus, rend fiévreuse cette belle mécanique.

L'économie du politique

Le désir d'une société sans conflits (sans trolls), pouvant donc faire l'économie du politique, n'est pas chose nouvelle. Les réseaux sociaux, en substance, avaient déjà été pensés comme solution d'obtention d'une pacification sociale dès les années 40, par Norman Wiener dans « *Cybernétique et société* ». Le contexte se prêtait à de telles réflexions et déjà le maître mot était la communication à échelle planétaire, la technique devant favoriser et n'admettre que des échanges fluides aux contenus clairs et brefs, compatibles avec le souci « scientifique » d'épuration d'un langage trop chargé des viscosités de l'anti-jouissance.

Ceci est parfaitement relaté par Gilles Châtelet dans un livre important :

« *Ainsi comblés, nos petits télégraphistes oublient simplement qu'ils ne sont plus que des citoyens-thermostats, des unités organiques plus ou moins complexes, affublées de droits de l'homme et capables de rétroagir à un environnement* ». (Gilles Châtelet, *Vivre et penser comme des porcs, de l'incitation à l'envie et à l'ennui dans les démocraties de marché*, Exils, 1998).

Dans cet extrait, il faut comprendre « rétroagir à environnement » comme la capacité des individus à entendre l'opinion générale et à répondre en la confortant. C'est très clair, pour les réseaux sociaux, autour des questions largement morales : protection des données, évacuation des risques, droit d'expression des communautés accentuant leur visibilité, etc. Châtelet fait là un parallèle avec le souci libéral de fluidifier le marché et de bénéficier, économiquement, de la dynamique performante, propre aux myriades d'individus fonctionnant en masse unitaire, informe et captive.

Prenons un réseau social qui ne satisferait pas le consommateur exigeant. L'exercice critique sera fait avec sévérité ; il reçoit soutiens et encouragements et invite à la résistance. Comme l'action ne saurait se suffire à sa seule dimension critique, sous peine de froisser l'utilitarisme ambiant, l'élégance réclame de nouvelles solutions de jouissance qui seront déclamées comme alternatives et nécessaires pour publiciser le bien-fondé du choix émis.

Toutes les combinaisons sont possibles : quittons Facebook et allons sur Google+ ou quittons Google+ pour Twitter ou encore - plus malin - allons vers l'un tout en restant dans l'autre. La diversion passant par la dilution, les sondages actuels ne demandent d'ailleurs plus si les membres de l'échantillon sont inscrits à un réseau social (ce qui serait insultant), mais à combien de réseaux sociaux ils sont affiliés. Le mimétisme qui mène au milliard d'inscrits s'accroît aussi par la duplication de ce que l'on donne à voir, en double, en triple... La même information se transpose sur une pléthore de plateformes réclamant des solutions techniques permettant l'ubiquité. Là, résident ce que certains (tel Jeff Bezoz, fondateur et PDG d'Amazon.com) nomment « frictions » pour évoquer les freins à l'innovation numérique et qu'il faut lever pour plus de « fluidité ». Bref, comment améliorer notablement ma vie d'internaute pressé, réactif et nomade, sans gérer, par exemple, le casse-tête des multiples logins et mots de passe que mes différents réseaux sociaux nécessitent ? La fluidité, donc, condition de la concurrence pure pour un marché parfait.

Gilles Deleuze l'a bien vu dans ce qu'il nomme « l'espace lisse », fluide donc, dénué d'aspérités, seulement structuré par des flux censés se jouer des limites, frontières, pour un monde plus libre. Voilà l'objectif à atteindre pour les prêtres technodoules en un monothélisme figuré par une propagande de chiffres, écrasant de leur évidence que le fluide est vertueux. En illustration (Figure 1), cette carte intitulée « *Les amitiés Facebook* » de Paul Butler (2010), alors stagiaire à Facebook et largement reprise, notamment dans les manuels scolaires pour illustrer la mondialisation.

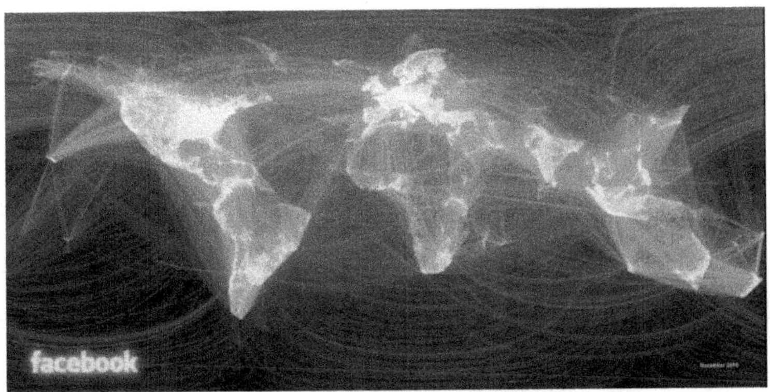

Figure 1 – Carte « Les amitiés Facebook », Paul Butler, 2010

Que remarque-t-on ? Les flux tissés par le réseau des réseaux, tendent à recouvrir la planète entière, faisant fi des zones d'ombre encore nombreuses et qui doivent, inévitablement, être intégrées aux espaces illuminés par l'amitié Facebook. L'utopie est là : à terme, les ancrages du maillage doivent disparaitre, la polarisation moins certaine. La dissolution étant déjà opérée par l'inexistence des frontières, pays, sur lesquels reposent les indicateurs usuels de développement. Cela occulte l'absence de la Chine et du potentiel incertain de ses 500 millions d'internautes hors d'atteinte de Facebook et de Twitter par décision étatique (l'Etat, démocratique ou autoritaire, est toujours considéré comme un frein). La pertinence n'est ici que celle de l'individu touchant le monde entier par des flux qui ne montrent en rien la réalité des relations faibles. L'interaction se doit d'être mondiale et esthétique. Cela doit être beau, donc bon. Facebook réconcilierait même les peuples. Derrière la création d'une ou de plusieurs listes d'amis, c'est la visibilité que l'on donne au capital social qui recouvre la valorisation de la position de l'internaute, conditionnée par la force de la communauté qu'il a réussi à édifier autour de lui. Les liens dits faibles trouvant là leur pertinence, le marché appréciera leur plus-value. Ce qui est rare est valorisant.

La firme transnationale Western Union, leader mondial du transfert de fonds, a pris la dimension de ce tissage en développant une application pour Facebook appelée « Your World ». Elle propose à l'inscrit de visualiser la portée mondiale (!) de son propre réseau sous forme de globe virtuel vu de l'espace. S'y ajoute le plein de statistiques censées procurer émerveillement, à l'instar du nombre, toujours vertigineux, de kilomètres mesurant la distance entre l'inscrit et ses « amis », que la technique aura rendu insignifiante. L'universalisme à portée de clic sur Facebook et un autre clic pour envoyer des fonds partout dans le monde avec un coût de transfert exorbitant, prix à payer de la mondialisation. La technique n'amenant qu'à l'économie des gestes.

<u>Les nouvelles territorialités</u>

« *Les nomades n'ont pas d'histoire, ils ont seulement de la géographie* ». (Gilles Deleuze, Claire Parnet, *Dialogues*, Paris, Flammarion, 1996, p. 39).

Moins informé sur les dangers inhérents aux réseaux sociaux que plus simplement convaincu qu'un affichage de soi doit être stratégique, pensé, l'internaute inscrit délivre des données personnelles qui sont bien souvent maîtrisées. Elles s'accomplissent pleinement dans un esprit de contrôle.

La mise en scène du corps photographié, déclinée en chiffres (âge, mensurations) ou sa projection par le biais d'avatars élaborés ou ramenés à une personnalité connue, participent à une stratégie de normalisation de soi dans l'idéalisation de ce que la communauté est en droit d'attendre pour obtenir reconnaissance. Comme l'internaute doit prendre *existence* par une identité que l'on dira déclarative, pour être visible, il doit se différencier des autres pour communiquer. L'efficacité de la différenciation est subordonnée à la quantité des signes à la fois émis et qui seraient attendus par la communauté. En résulte, une remise en question constante de l'inscrit sur sa propre performativité, associée au degré de satisfaction qu'il éprouvera face aux indicateurs fournis. Pas assez d'amis ? As-tu convenablement complété ton profil ? Pas assez de réactions à ce que tu écris ? As-tu toi-même utilisé le bouton « j'aime » ou « je n'aime pas » (bouton que l'on ne remarque d'ailleurs plus, signe que la seule positivité compte) ? L'interrogation constante recevra des réponses automatiques de la part des réseaux sociaux pour élaborer une stratégie identitaire, de normalisation donc, afin combler le déficit de ce que l'on offre à voir et se rapprocher d'un idéal médian totalement subjectif, mais qui sera la base de reconnaissance des communautés.

Il en ressort ce que Gilles Châtelet, à la suite de Marcuse, voit dans l'homme moyen, par son enfermement dans une espèce d'uniformisation sociale, « *[...] désireux de deviner la manière dont les autres vont s'enfermer, et si possible de coller à cette manière de s'enfermer. [...] On est ici au comble de l'absurdité [...]. On veut se singulariser en imitant, en singeant la panique uniformisante des autres.* » (Entretien de Gilles Châtelet sur France-Culture du 7 mai 1998, « *Une vie, une œuvre* » : Herbert Marcuse, une philosophie de l'espoir pour les sans espoir).

Cette distanciation réelle entre l'individu et son reflet mis en scène peut être considérée comme source de malentendus dès lors que le regard social assène que ce que l'on offre à voir peut brimer ce que l'on est réellement. Par cette même distanciation, il est donc tout aussi aisé pour l'inscrit de s'accaparer en toute quiétude les outils de répudiation, d'éviction, soit d'asséner une violence sociale inédite, car insidieuse et dûment proposée par certaines plateformes comme Facebook qui l'institutionnalise à son échelle, ce qui n'est pas rien.

Plusieurs niveaux de libertés, donc de permissions, sont offerts et fonctionnent en cercles concentriques de droits (directement visualisés sur Google +) et amènent à l'illusion d'un contrôle effectif de l'entre-soi. Il s'agit bien ici de contrôle et non plus seulement de surveillance. Or, le discours institutionnel asséné sur le contrôle des traces émises amène à des comportements nouveaux où l'internaute développe une curiosité insatiable des traces des autres et de lui-même.

Signe des temps, la réappropriation, éloignée du néologisme lacanien, d'« extimité », par le psychiatre à la mode Serge Tisseron nous dit que ladite extimité - que l'on comprend comme l'extériorisation d'intimités individuelles reconnues et dont les variables communes seront créatrices d'agrégations - est vertueuse, car évidente. Sa revendication et sa valorisation par les réseaux sociaux libéreraient le carcan dans lequel les conventions, usages, morale, la sclérosaient.

Cette nouvelle définition, et l'optimisme qui en découle, sont symptomatiques de la passivité face à la privatisation du champ de ce qui se prétend faussement « espace public » au nom de grégarités dont les facilités de création ou de dissolution montrent qu'elles sont, elles aussi, objets de consommation autant qu'artefacts de consommateurs.

Peut donc s'ensuivre, par extension et vu de la rue, la légitimation de l'interpénétration entre espaces privé et public, ce dernier pouvant être noblement défini comme le lieu du débat politique (qui le rend possible) et de la praxis qui détermine l'autonomisation du corps politique par des règles établies par la loi commune. Cet empiètement de l'espace privé sur l'espace public est perçu comme allant de soi, une libération comportementale observée, une nouvelle normalité jusqu'alors contrainte. En cela, elle répondrait au souci maintes fois exprimé par l'inénarrable Jacques Attali de laisser libre court à cette jeunesse nomade libre dans sa tête, chargée d'objets intelligents et qui n'a que faire d'être chez elle puisqu'intrinsèquement vouée à montrer sur la place publique l'étendue de sa liberté.

Dernier avatar du possible dans ce domaine, le « zombie walk» ravive la bêtise monumentale et sa visibilité dans la rue qu'elle approprie par martèlement privatif. Ainsi ce zombie qui laisse derrière lui des faux bouts de doigts, faisant semblant de dévorer une cervelle en plastique, traine de la patte son hyperréalité nourrie par le vide des références. Vide faisant lui-même écho et référence dans l'espace public où il se met en scène puis, de manière simultanée et pour la postérité, sur YouTube, et autres sites de partage en ligne, où les performances sont montrées et appréciées. L'agglomération en horde - car le zombie ou le convive d'apéro géant Facebook n'est jamais seul, ce qui serait un non-sens – aura été rendue possible par les réseaux sociaux et duplicable à l'infini selon les lieux, les convenances et les modes. La liberté d'expression des zombies se voulant totale, elle s'intègre dans un calendrier bien fourni en manifestations festives, mémorielles, pour éviter la concurrence avec d'autres dans le souci de préserver l'égalité d'accès du bien commun à l'insignifiance. Les conflits territoriaux étant désamorcés par la reconnaissance unanime et consensuelle que le vide a le droit à l'expression, on en retiendra la saturation de l'espace public une fois de plus privatisé comme élément de bonne santé démocratique.

Nous l'avons dit, les réseaux sociaux participent à la redéfinition de l'espace public, terme dont le sens (politique) est donné plus haut. Les espaces qui se veulent « lisses » créés par Twitter ou Facebook sont fondamentalement privés, soumis à des règles qui ne sont pas celles qu'une autorité publique et représentative a données. Ils sont donc le lieu de l'arbitraire. Ils s'ouvrent à la masse telle une galerie marchande (bien que non contraints par le droit) dont le nouveau venu accéderait grâce à un sésame promettant l'usage public de ce qu'il ne pense pas être privé. Au mieux parlera-t-on désormais d'« espace commun », au pire une nouvelle définition de l'espace public sera-t-elle exigée pour l'englober, devenant mollement : « *l'une des modalités possibles d'organisation de l'interaction sociale* » selon le géographe Michel Lussault qui pourtant en perçoit bien l'affadissement (Ghorra-Gobin Cynthia (dir.), *Réinventer le sens de la ville. Les espaces publics à l'heure globale*, Paris, L'Harmattan, 2001).

Là encore, bien des auteurs pressentent la nécessité de rompre avec la vanité d'une définition trompeuse. Elle serait source d'idéalisation de ce qui fut et qui devrait encore être, alors que l'espace public, inévitable enjeu de pouvoir et a fortiori de ségrégation (mise en exergue, bannissement), devrait, dans sa définition, refléter l'appropriation changeante de ses acteurs. Mais l'accomplissement des logiques spatiales propres aux réseaux sociaux invite à renouer avec le sens grec de l'espace public comme notion étalon de la démocratie. De ce terme dévoyé et lui aussi à prendre dans son sens premier, il est important d'en saisir l'acte de dépossession qui fait toujours plus glisser l'individu, et le corps social en expansion, de l'autonomie vers l'hétéronomie.

Est autonome, nous dit Castoriadis, « *[...] une société qui non seulement sait explicitement qu'elle a créé ses lois, mais qui s'est instituée de manière à libérer son imaginaire radical et à être capable d'altérer ses institutions, moyennant sa propre activité collective, réflexive et délibérative. Et j'appelle politique, l'activité lucide dont l'objet est l'institution d'une société autonome et les décisions concernant les entreprises collectives »* (Cornélius Castoriadis, *Carrefour du labyrinthe, t3 : le monde morcelé*, Le Seuil, 1990).

Ce projet d'autonomie étant également celui de chaque individu, il rend possible l'espace public et ne peut se faire sans lui. A l'inverse, est hétéronome une société qui s'est donnée ses propres institutions mais qui en perpétue ses principes dans la durée par la création d'individus conformes, occultant qu'ils sont eux-mêmes à la base de ce qui les institue. Cette absence de lucidité se caractérise aujourd'hui davantage dans la sacralité sclérosante du jouissif (conformisme, technodoulisme, consumérisme...) qu'elle le fut autrefois dans la tradition et le religieux (de toute façon, perçus comme réactionnaires par la pensée dite de gauche). Avec les réseaux sociaux, l'aliénation ayant pris le pas sur la perpétuation, l'espace public se privatise ou se cantonne au confort du virtuel.

Mais ces remarques pèsent-elles face au caractère rigolard et festif dont certaines applications s'entourent ? Tout est ici fait pour décomplexer les usages, amener du festif et de la bonhommie à chaque clic. Prenons l'exemple de Foursquare qui, grâce à son service de géolocalisation, propose le titre ludique de « maire » à ceux qui auront obtenu le plus de badges (fanions colorés) par leur activisme à œuvrer pour la réalité dite augmentée, fantasme de la géographie 2.0.

L'appropriation territoriale qu'induit le terme non innocent de
« maire » sera gratifiante pour ceux qui auront marqué les
lieux de la présence de l'enseigne Starbucks. En retour, ils
recevront des coupons cadeaux. La visibilité donnée amène à
la récompense, au sucre dans le café. La privatisation spatiale
a ses propres logiques.

Au-delà du simple constat béat, la « condition spatiale » doit
être perçue ici par le prisme du politique. L'extimité
investissant l'espace commun (réel et virtuel) comme espace
interstitiel de l'entre-soi, elle rend les conditions du débat
impossible, car contraire aux logiques de grégarité. Les
réseaux sociaux, par leur mode de fonctionnement,
d'agrégation, n'offrent donc pas les conditions de mise en
œuvre à la fois d'une agora virtuelle où l'*isègoria* (entendons
le terme à la simple capacité de s'exprimer en toute liberté)
serait la règle, mais aussi d'argumentation posée et réfléchie.
Aussi il est malhabile d'en voir des outils de démocratisation à
la seule idée qu'ils permettent de communiquer dans
l'instantanéité au plus grand nombre d'internautes.

CHAPITRE 3 - TWITTER OU LA COMMUNICATION INTERPERSONNELLE DE MASSE

« Que faites-vous ? »

Twitter rassemblerait sans doute 200 millions d'utilisateurs actifs en 2013. Le slogan affiché est : « *Que faites-vous ? - Découvrez en temps réel ce qui se passe partout dans le monde - Suivez vos passions* ». L'invitation est donnée : racontez ce que vous faites, ce que font les autres et faites valoir tout cela dans l'instantanéité d'un monde dénué d'aspérités temporelles et spatiales. Question de lubrification libérale, le monde est devenu gloss. Il faut ça pour que le doigt glisse bien sur la surface de l'iPhone ou du Galaxy. Ploc, ploc, les tweets s'y affichent.

Si Facebook est régulièrement et pieusement critiqué par les arguments qui, pour certains, contribuent à son succès, il est clair que dans la famille des réseaux sociaux, les professionnels des médias lui préfèrent aujourd'hui Twitter. Sans doute parce-ce que bien des journalistes utilisent sa capacité d'abreuvoir aux flux instantanés qu'il délivre et à ses fonctions de microblogging. On observera que la majorité des articles visibles de cette profession se montre enthousiaste, impliquant souvent, avec des propos enjoués, les lecteurs dans le champ des followers (suiveurs) potentiels de leurs auteurs, ou invitant directement à l'adhésion. Télérama a pu titrer « *Toi aussi, deviens un twitto* » (Télérama du 6 juillet 2011, numéro 3208). Un exemple parmi tant d'autres se proposant en vade-mecum enthousiaste de Twitter, sans une once de distanciation critique. Le titre accrocheur suffit.

Ce qui est vu comme un droit de l'internet (rejoins librement et fraternellement la communauté des twittos), extensible à l'espace réel, représenterait, pour beaucoup, cet idéal de démocratie à l'échelle de tous les internautes, soit – dans une perspective progressiste évidente – au monde entier. En cela naît un devoir quasi civique épousant cet allant que la technique nous offre, dont seuls les réactionnaires et autres trolls sont à même de critiquer : le mythe d'une société mondiale interconnectée. L'injonction ne peut que suivre : deviens un twitto !
Ne reconnaît-on pas là, en filigrane, le fantasme d'une société mondiale démocratique, cette « fin de l'histoire » incubée par Francis Fukuyama ? N'est-ce pas là, le dernier pas vers une victoire totale (car mondiale) du modèle apologétique anglo-saxon, ce libéralisme politique et économique qui œuvre, sous

couvert d'une moralité protégeant l'individu et sa communauté d'appartenance contre toute régulation imposée d'en haut et condamnant l'État ?

Refuser cet état de fait et ses déclinaisons multiples, c'est être réac, comme l'a parfaitement montré Harold Bernat dans *« Vieux réac ! Faut-il s'adapter à tout »*, Flammarion, Antidode, 2012.

L'émergence donc d'une communauté quasi infinie se ferait par le vecteur de l'égalité. Ce fondement démocratique s'est peu à peu trouvé affadi par l'effet de concurrence porté par le jusqu'au-boutisme libéral d'obtention des droits pour la satisfaction de l'individu et de ses groupes d'appartenance, devenant ainsi « être l'égal en droit de tous les autres ». Pour autant, il semble que Twitter nous amène quelque chose d'autre (une touche de fraicheur, diront les technodoules). Au-delà de l'égalité à l'accès, à la capacité de tweeter librement, une fois son compte personnel créé, c'est l'image virtuelle, une construction donnée à voir dans la surenchère du réseau social, qui doit permettre d'identifier la qualité intrinsèque de son porteur.

Le phénomène n'est pas révolutionnaire, mais Twitter offre des promesses inédites : chacun des 200 millions d'utilisateurs est porteur d'une renommée potentielle, visible et computable, flatteuse d'ego, et ce à l'échelle promise du globe. Dès mon inscription, je suis par mon avatar ton égal à l'obtention de ce qui peut flatter tant mon propre ego qu'amener reconnaissance de ta part.

Twitter permet ainsi à tout un chacun de mettre en scène son avatar virtuel à la troisième personne du singulier. On se parle à soi de manière faussement distanciée. Cet usage est facilité par la structure même de postage des messages, permettant une réflexivité de son propre positionnement au sein du réseau social. Cette distanciation relative permet d'appréhender, avec satisfaction, tant le petit monde dont on fait partie que son élasticité potentielle à d'autres avatars - par le jeu des interactions plus ou moins hasardeuses - amenant l'idée que sa petite communauté peut être universelle. C'est un point clé. L'ivresse est là : le poète, affutant ses vers en tweets et assuré que la technique rationnalise l'acte de création à son avantage, aura l'impression de toucher le monde entier, d'y amener sur la scène, que constitue Twitter, ceux qui désirent, par constructivisme et générosité, édifier avec lui une « œuvre globale ». Le technodoule voit cela comme une « sédimentation » (un des mots du vocabulaire écosystémique utilisé), laquelle n'est bien souvent qu'un mille-feuille de bavardage intensif et compulsif, seul signifiant.

Notons que cette insignifiance est totalement assumée par bien des technodoules dits experts (donc écoutés) qui l'auréolent de sa fonction socialisante et plaisante. Si œuvrer pour gonfler son capital social est la recette de sortie personnelle de la crise, toute jouissance est également bonne à prendre. Cela nous est ressassé par l'hédoniste contemporain, ce qui malheureusement vaut à Michel Onfray d'être partout et entendu. Facebook ou Twitter seraient tantôt des doudous (la contemplation esthétique de sa place dans les réseaux aurait un pouvoir lénifiant), tantôt des médias qui donneraient plus de place à ce qui lie (qualité) plutôt qu'au bavardage intempestif (quantité). Remercions-les.

Sur Twitter, on assiste à des comportements mimétiques, à des attitudes synchrones et égales vis-à-vis de l'évènement. D'où l'empressement, la dictature mentale d'accéder au triptyque de réactivité-spontanéité-immédiateté, gage de succès de la technique prouvant par-là qu'elle rend le monde plus petit. Il est donc loin le temps où Giono faisait dire au maître d'école à ses élèves de courir moins vite afin que la cour leur paraisse plus grande…

La communauté se crée donc par la « sédimentation » de ces réflexes, concrétisés en messages (tweets), plus ou moins porteurs de liens, avec, comme finalité motrice, faire en sorte de toucher le plus de monde possible et d'accroître sa liste visible de suiveurs, d'amis. Finalement, qu'importe la teneur de l'information apportée et diffusée. Qu'importe sa véracité, du moment qu'elle est réactive, spontanée, immédiate, qu'elle crée le « buzz » par des subterfuges - car il y a concurrence ! - ou par un hasard heureux, que tout geek verra en « sérendipité », autre mot à la mode.

Cet aspect est renforcé par le mythe d'une intelligence protéiforme que porterait intrinsèquement la toile, une conscience insondable d'une communauté globale en formation, tissant ses liens. Il n'en faut pas plus pour, de nouveau, entrevoir le discours libéral qui s'y calque, incitant à fluidifier l'expression de cette conscience, d'en ôter les verrous par la surenchère technique. Comme Facebook, Twitter ouvre en permanence de nouvelles fonctionnalités qui rendent l'inscrit captif des mises à jour censées l'amener vers plus de nomadisme, d'ubiquité, de l'insérer toujours plus au cœur des flux.

Ce lessivage prouve tout même l'état d'incertitude dans lequel ces médias agissent, tâtonnant en inventant nos besoins à venir, confrontés à vérifier sans cesse l'état d'aliénation, surinformant l'oie déjà gavée et toujours sans opinion. À ce niveau-là que reste-t-il ? L'anticipation par la simulation dirait Baudrillard. Twitter anticiperait – nous dit-on - les crises économiques, serait l'antre de la prévisibilité, le pouls de l'opinion que des modèles statistiques, d'écoute, seraient en mesure de décrypter, prévenant l'événement, les risques. Aujourd'hui, les oligarchies en place savent qu'elles doivent constamment sonder Twitter et l'utiliser comme cheval de Troie à leurs expériences politiciennes. Les prêtres ont renouvelé la Pythie.

La tyrannie de l'anti-critique

« Le buzz (anglicisme de « bourdonnement » d'insecte) est une technique marketing consistant, comme le terme l'indique, à faire du bruit autour d'un événement, un nouveau produit ou d'une offre. Assimilée au marketing viral, cette pratique en diffère par le contrôle du contenu (message publicitaire ou de communication). »

Encyclopédie en ligne Wikipédia – article « buzz (marketing) »

Qu'y a-t-il de si important de prédire et de fantasmer ce qui n'est pas ? Est-ce se singulariser, d'anticiper, par l'imitation des autres, pour être soi-même imité ? L'afflux tendu et instantané de l'information, sans cesse renouvelée, dispense du nécessaire temps d'analyse et de vérification. Voilà la tyrannie : L'insatiabilité du flux qui abreuve, en temps réel, à la mesure de la fracture numérique, ceux pour qui la succion du téton amène favorablement le lait sucré à la bouche. À quand le sevrage ?

L'important est tout autant de soumettre à l'analyse critique les informations obtenues via Twitter que de réfléchir – ce qui suppose d'être conscient - sur la structure même de ce mode de communication. Cela implique de considérer les territoires virtuels que ce réseau social engendre autour des notions d'appropriation et de pouvoir, du langage qui en véhicule les informations, les affects, et les grégarités, communautés d'intérêts, qui s'y expriment.

Aussi, stipuler que Twitter permet la diffusion rapide d'informations, qui seraient peut-être restées confidentielles ailleurs ou retardées, permet d'occulter ce qu'il est réellement. Sans surprise, voici un canal médiatique où l'information dispensée émane préférentiellement de ceux qui disposent d'une visibilité importante. L'échelonnement de l'information diffusée dépend donc de réseaux emboîtés où celui qui procure l'information se dégage de la responsabilité de sa diffusion, car il ne la maîtrise pas.

À l'instar de Facebook, Twitter agit comme réceptacle, théâtre, à la mise en scène égotique et distanciée de soi, ainsi qu'à la contemplation d'une communauté dans laquelle on agit afin d'amener à la fois reconnaissance et réactivité heureuse des autres. Il n'est pas étonnant que l'usage de la troisième personne du singulier, là encore, permette de se dédouaner des futilités émises. Ce « bavardage » autocentré, par le « il », absoudrait et légitimerait en même temps le constat donné à voir des petitesses de son existence. On donne à voir en se confortant de l'image que l'on aime donner à voir. Le « il » voit le « je » comme un objet que les autres doivent consommer, tirer profit, voire en extirper un modèle. De ce libéralisme simpliste et allègre (je dis ce que je veux), se surimpose l'idée de concurrence par l'extimité : ma vie énoncée dans ses moindres peccadilles a une valeur qui vaut bien la tienne, également donnée à voir. Toutes mises ensemble font émerger des communautés d'intérêts, emboîtables à volonté.

Dès lors que la communauté fait corps, elle s'inscrit dans une dimension éthique, celle de « l'égoïsme partagé » où l'acceptation de l'individu se fait sur des critères qui évacuent toute dimension argumentative et sérieuse, où seule compte, où seule est féconde pour tous, la propagation du flux. Pour cela, 140 caractères suffisent à l'instar d'un SMS, signature en plus. C'est cette même propension à communiquer, avec force liens - qui n'ont souvent qu'une valeur informative, d'exemplarité par l'image ou le slogan - qui donne corps à une communauté qui va se satisfaire d'être gavée de flux. Cette limite des 140 caractères interdit l'argumentation claire même si des applications tierces permettent de s'en affranchir. « Tu veux en dire plus ? Des outils techniques existent, mais qu'as-tu à dire d'autre, maintenant que tu es là ? ». Après tout, à l'éternelle question « T'es où ? », il est inutile de répondre puisque Foursquare vous géolocalise en temps réel. La technique affranchit.

La mise au pas intellectuelle se fait à l'aune de ce que les créateurs de Twitter ont décidé, arbitrairement, d'utiliser pour codifier, normaliser, appauvrir, mais multiplier les échanges textuels. Le fait qu'une limite à la fois technique et commerciale (le SMS téléphonique, facturable à l'unité) est ici reproduite parce qu'elle est déjà une norme de langage, est une preuve de l'autonomisation technicienne. Certes, la concaténation n'est nullement synonyme – en substance – d'appauvrissement et bien des poètes nous l'enseignent. Seulement, cela relève de leur choix propre ou d'un contexte particulier, par exemple opprimant. À l'inverse, les plus dubitatifs des critiques peuvent penser que l'homme n'a plus grand-chose à dire ; la soupe du bavardage étant depuis longtemps rassasiante...

Dès lors, une question importante surgit : en quoi le produit d'une firme privée, édifié sur des critères devant lui amener le succès dans une logique commerciale concurrentielle, serait-il l'instrument de la démocratie - le terme ne revient-il pas sans cesse ? – ou de l'émancipation de soi ? Tout au plus, Twitter renforce la logique du « montrer », du visionnage, de l'illustration, du slogan écrit, facilement exploitable par la rétine. On survole Twitter dans l'autosatisfaction visuelle de sa propre renommée. C'est du Yann Arthus Bertrand avec ses photos léchées ; le buzz amène l'émotion et s'arrête là.

On en trouvera une illustration (car il faut bien des exemples) chez François Bon, pape de l'édition numérique, contemplatif de son propre usage de l'outil, rehaussant l'image du précurseur qui serait toujours en période de frai, entouré, présent, en scène.

« Pour m'adresser spécifiquement à quelqu'un, je commence mon message par l'@ du destinataire [...]. Paradoxe : il lui est donc explicitement destiné, mais sera lisible par l'ensemble de mes destinataires. Conversation privée dans un espace public, gens qui parlent dans un parc, conversation surprise dans une gare, écoutée par inadvertance à une terrasse, parfois dans la vie réelle on trouve ça impoli. Donc on se méfie de l'impolitesse : tout message avec destinataire particulier, quand émis dans la sphère publique, tient compte de cette écoute collective. » (François Bon, *« Twitter et comment s'en servir »*, article du blog http://www.tierslivre.net, mai 2012)

Cette saillie de François Bon est magnifique, tant par l'exemple donné d'ouverture et de saturation de « l'espace public » au commun des propos privés, que pour l'esbroufe pour en trouver une légitimation dans la vie dite réelle. Il parle en public, mais à destination d'un groupe aux contours vagues, prompt à mobiliser un collectif dès qu'il aura su mobiliser l'attention. Cette anesthésie de la discontinuité entre espace public et privé libèrerait les contenus, nourris par les échanges avec son destinataire, pour reprendre son exemple. Mais c'est bien Bon qui sera promu sur Twitter, car les contenus seront identifiés à la mesure de ce qu'il aura exhibé dans la grande foire à l'adhésion.

Pour le reste, la référence à la politesse et la discrétion dues à l'échange privé, écouté collectivement, est risible. Comme si cela protégeait le caractère privé (la préconisation est morale) de ce qui été liquéfié, amenant au paradoxe d'une expression encline à l'écoute tous azimuts et capable, en même temps, de respecter l'intégrité d'un échange personnel. Non, le choix a été fait en amont. Il n'y a plus l'inadvertance de l'écoute impromptue d'une discussion dont on serait le témoin à la fois curieux et gêné. Le jardin public et la gare ont depuis longtemps été privatisés et devenus le champ où le capitalisme informationnel s'affranchit des limites que Bon et 200 millions d'autres ne voient désormais plus.

Se réapproprier les échanges privés, internes, pour s'auto-promouvoir, en justifiant que leur publicisation sera vertueuse et démocratique, voilà un discours qui rend les réseaux sociaux indispensables.

Les technodoules, enseignants, étudiants, invités du petit écran, cadres, personnel politique, estiment désormais souhaitable de s'afficher à twitter en suivant un cours, en animant une réunion, en débattant, en mangeant ou en faisant l'amour. L'individu multitâche, jonglant avec les différents avatars de son identité numérique, ne pense pas réduire sa concentration et ne croit plus nécessaire de se focaliser sur un objectif sans en avertir les autres. Devenu routeur, switch, l'individu-interface singe lui-même ses artefacts techniques pour libérer les flux, s'assurant que le monde est bien transparent, que tout se sait instantanément. Un tweet et la tension baisse, le fun prend le dessus, sinon l'ennui guette.

CHAPITRE 4 - LES RESEAUX SOCIAUX, VECTEURS DE DEMOCRATIE ?

Des outils vers l'autonomie ?

Il est toujours amusant de voir comment l'instantanéité et la globalisation sont prises comme deux vecteurs évidents de félicité. Ceci prouverait ce mythe de l'internet comme plateforme de démocratie mondiale, de parole libre, concurrençant et influençant la représentation politique usuelle. Le pouls de l'opinion étant désormais palpable continuellement sur Twitter, le monde (dont le politique) y est donc invité à prendre acte de ce qui s'y dit.

Dans cette grande machine de l'égalité, le mal serait la hiérarchie *a priori* (la locution est importante), car incompatible avec le principe de démocratie d'opinion. Le mot, amenant l'idée de verticalité, est contraire à ce type d'élaboration sociale informe qui sied aux communautés d'internautes soucieuses de créer un savoir alternatif, des affects, une visibilité. Elles le font par la mise en avant, justement, d'un espace communautaire qui possède ses propres règles, son propre fonctionnement bureaucratique (tel Wikipédia). Si hiérarchie il y a, elle ne peut être qu'*a posteriori*, dans le cadre de ce que la communauté Twitter donnera à l'information résidente et à la primauté de sa lecture. S'érige la croyance en un idéal où l'individu se libère des carcans de l'académisme (dans son sens péjoratif), de l'institué, du régulé, pour se mettre en avant par l'extimité de ses envies, ses choix, ses petites brèves de vie. Pour conforter le champ d'action et le jeu de cet égalitarisme de principe par le bas, il y a un rejet de toute idée d'élitisme, d'aristocratie ou de méritocratie intellectuelle.

Sur Twitter, la plus-value de soi est dépendante du nombre de suiveurs (quantifiable) et est tributaire de la publicisation des contenus postés, format slogan. La « hiérarchie » qui se dessine donc *a posteriori* est parallèle et associée au retentissement, à l'écho produit par une information qui s'intéresse à l'immédiateté et épouse le culte de l'émotion afin de produire le buzz. Elle n'est en rien un démêlage de l'infondé, du débile, de la fausseté pour favoriser l'autonomie critique. Le calibrage de l'expression individuelle, amené par Twitter, correspond à une tendance lourde de notre société qui se crée tous les outils possibles dans le refus de l'intelligibilité au nom d'une doxa molle et vide, nimbe de notre démocratie.

Certains voient dans Twitter un nouveau mode minimaliste et hiératique de communication. Une idée fallacieuse est de dire que la concaténation du langage en fragments de 140 caractères oblige à cibler dans un discours ce qui est essentiel, afin de laisser toute la primauté à l'échange dont le fonctionnement – nous l'avons vu – s'apparente d'autant plus au slogan que l'attente de lien social s'organise selon un modèle pubard. Mais le slogan doit être déchiffré, le hiératique œuvrant à souder des communautés par les signes émis et échangés entre ses membres.

En observant ce qui peut s'y dire, il est possible de renverser cette logique et d'avancer l'idée que Twitter condamne l'individu à ne communiquer que par l'appauvrissement syntaxique et le vide du propos. Ce mode de fonctionnement maximise le temps passé sur ce support (chronophage), contribuant à son succès et à l'inféodation de ses utilisateurs à une logique de performativité, idéal du fonctionnement capitaliste.

Cette surenchère affaiblit considérablement l'aspect langagier réduit au seul principe qu'il communique de l'information. Comme l'avait analysé Jean-François Lyotard en 1979 dans « *La condition postmoderne* », cette réduction sert la plateforme qui a été programmée pour communiquer et être performante. Ce sont bien les 500 millions de tweets envoyés par jour qui rendent Twitter performant, à défaut de savoir si cette performance sert l'intérêt de la société, ce qui est un autre problème.

Retenons l'incapacité à ne voir dans Twitter autre chose que ce qui induit un nouveau mode de communication, une nouvelle aisance progressiste dans la création de communautés dont l'existence serait éminemment positive. Se calquer sur cet allant, c'est s'abreuver à un déterminisme technologique qui sous-tend « l'acquiescement » à une idéologie libertaire proche des idées néo-libérales théorisées, notamment, par « l'ordre spontané » de Friedrich Von Hayek à propos des interactions libres entre individus.

Résumons : Twitter résonne comme un espace a priori chaotique, libre, d'où émergeraient, comme par enchantement, un ordre, une hiérarchie, que les technodoules entrevoient par le biais d'arguments finalement d'ordre technique et économique à principes libéraux, refusant toute organisation tacite qui serait imposée d'en haut. On pourra même ajouter un ordre quasi magique des flux enchanteurs, telle la sérendipité, préalable au trouble esthétique.

Lyotard l'avait parfaitement anticipé il y a plus de 30 ans :
« *Celui-ci* (le libéralisme) *n'empêche pas que dans les flux d'argent les uns servent à décider tandis que les autres ne sont bons qu'à s'acquitter. On imagine pareillement des flux de connaissances passant par les mêmes canaux et de même nature, mais dont les unes seront réservées aux « décideurs », tandis que les autres serviront à acquitter la dette perpétuelle de chacun à l'égard du lien social* » (Jean-François Lyotard, *La condition postmoderne*, Les éditions de minuit, 1979).

L'ivresse d'un réseau à portée globale transcenderait toute centralisation qui organiserait l'information et ferait de Twitter un média. Cet ordre-là est celui, naturel et parfait, qui existe par l'offre et la demande, adapté sur Twitter autour de l'information.

Se focaliser sur la démocratie d'opinion, l'autonomie (illusoire) à l'œuvre par l'expression individuelle, évite ici de s'intéresser aux logiques de pouvoirs et d'influence. C'est également l'aveu d'incapacité, d'impuissance, des inscrits à l'action collective, politique, coordonnée, face aux créateurs de Twitter, à la règle du jeu qu'ils ont imposé dans une logique concurrentielle.

En 2009, Facebook s'est ouvert comme une fleur à la « démocratie participative ». C'était la mode. L'idée étant de solliciter l'avis du bientôt milliard sur des thématiques liées à la politique d'utilisation des données ainsi que sur la déclaration des droits et responsabilités nécessairement adoptée aveuglément lors de l'inscription. La masse devait montrer sa souveraineté. Toute modification nécessitant l'adhésion d'au moins 30 % des inscrits (et non des votants !), on appréciera la mystification de l'annonce. Se pose là, l'appréciation de la masse, virevoltant de manière synchrone – à la manière d'un banc de sardines – satisfaite de tourner la tête comme un seul homme, transparente et fraternelle. L'agrégation se fait dans un grand bain démocratique où chacun a le sentiment d'être l'égal de l'autre, fortifié de la potentielle puissance virtuelle de 300 millions d'internautes à l'échelle planétaire, mondialisation oblige. Cela fait naturellement diversion. Au plus près de l'ubuesque, retenons le dénouement récent (décembre 2012) de cette démarche où Facebook, lassé de démocratie comme on se lasse d'une

décoration ou d'un service de table, a invité ses utilisateurs –
désintéressés - à voter pour supprimer un droit de vote…

<u>Quel réseau social aura le futur Prix Nobel de la paix ?</u>

Les réseaux sociaux, comme espaces de la « démocratie
d'opinion », ne créent en rien un espace public où la loi se crée
par des conditions d'exercice (de délibération) de la politique
dans lequel l'isègoria et l'isonomie seraient la règle. Nous
l'avons dit. Y a-t-il, sur Twitter ou Facebook, des prises de
décision communes selon un mode de délibération qui fasse
consensus et qui amènerait à l'autonomie politique ? Non. Ces
réseaux sociaux créent, au contraire, les conditions d'une
« montée de l'insignifiance » (selon l'expression célèbre de
Cornélius Castoriadis), où la communication se structure selon
une privatisation de l'information que chacun exprime à
travers ses goûts, ses opinions, ses humeurs.
Avec eux, l'individu continue de faire un usage public de ses
droits privés, mais avec des règles qui lui sont imposées sans
qu'il ne se soucie de leur bien-fondé. Celles-ci rendent compte
d'une société de marché où chacun tente de poursuivre à sa
guise la maximisation de ses avantages, au nom de l'intérêt de
tous.
Il faut s'interroger sur cette fascination d'un couple qui serait
inséparable : horizontalité et démocratie. En vérité, ce forcing
sémantique occulte les inégalités au cœur des réseaux sociaux,
la mise au pas de la masse se faisant par les plus visibles, les

promus s'affichant par le nombre affiché de leurs followers, optimisant rationnellement leur temps dans la gestion de ce qui est susceptible de « faire le buzz » et se goinfrant de cette utilité pour les autres.

Le lecteur pensera, pour contredire, au poids perçu comme non négligeable des réseaux sociaux dans les mouvements libérateurs arabes à leur apogée, au printemps 2011.
Le relatif recul que nous avons face à ces évènements permet d'en tirer quelques observations. La pénétration rapide d'internet (1 personne sur 5) dans un monde arabe, aux régimes autoritaires sclérosés, touche une population jeune, issue des classes moyennes, urbaine, mais privée d'horizon, d'expression, à la mesure de ce que son modèle d'imprégnation occidentale, libéral, offre. Les réseaux sociaux ont pu être des accélérateurs, des outils efficaces pour contribuer à la chute des régimes en place bien que leur rôle ait probablement été surestimé par les observateurs occidentaux. L'inverse est également vrai : ainsi le fort taux de pénétration des réseaux sociaux au Bahreïn (comparable aux démocraties occidentales) n'a pas permis la réussite des opposants face au régime en place. Efficaces pour contourner la censure, ils permirent l'enhardissement des jeunes, rapidement informés et certains que les démocraties occidentales portaient leur regard sur eux. Remarquons, entre parenthèses, la difficulté qu'a eue Jacques Ellul pour percevoir cette "malléabilité de la technique" susceptible de contrer les oppressions. C'est notamment une critique d'Andrew

Feenberg à son encontre dans « *(Re)penser la technique, vers une technique démocratique*, La découverte MAUSS, 2004 ».

Mais sans doute, doit-on également douter de l'optimisme de cet auteur. En soi, les réseaux sociaux ne font pas partie d'un projet global d'émancipation qui aurait concouru à leur création. On ne peut qu'observer un gouffre entre le contexte et les logiques économiques qui ont procédé à leur émergence puis à leur domination et la réappropriation politique par quelques collectifs révolutionnaires ou simplement dits indignés.

Il n'en fallait pas plus pour que bien des discours assènent la vertu intrinsèquement démocratique des réseaux sociaux. Certaines personnalités politiques pensant même que Twitter devait être auréolé du Prix Nobel de la paix. Cette idée, née après les émeutes en Iran en 2009/2010, illustre l'allégeance enthousiaste à l'irréversibilité d'une technique autonome modélisant la praxis politique des sociétés. Selon cette logique, à la forte pénétration des réseaux sociaux dans des sociétés sous contrôle, répondrait inéluctablement la libéralisation de ces dernières parce que ces outils répondraient à un désir d'universalité compris ou projeté par leurs créateurs.

Cependant, la quasi-absence, dans les mouvements arabes, de leaders politiques remarqués dont les discours auraient pu être a priori fédérateurs, montre cette « force des coopérations faibles » (selon le sociologue Dominique Cardon dans « *Les vertus démocratiques de l'internet* » paru sur le site internet de *La Vie des Idées*, novembre 2009). Les collectifs de l'internet produisent des valeurs communes seulement après l'adhésion et la reconnaissance de leurs membres. Nous revenons ici sur cette dichotomie a priori/a posteriori vue précédemment.

Ce qui aura été rendu visible dans la coordination des discours d'individus en réseaux n'a pas fait l'objet d'une délibération préalable, mais a pris forme par une nébuleuse d'engagements réciproques que la mise en ligne, les connexions, par les réseaux sociaux, auront permis, dans un renouvellement incessant. Dans ce bouillonnement, la mise en avant des quelques acteurs issus de ces réseaux s'est faite davantage via le nombre de followers sur Twitter ou d'amis sur Facebook, permettant d'y véhiculer, de relayer rapidement informations et actions révolutionnaires. Mais ensuite ? Quelles légitimités dans l'exercice du pouvoir ? La crise que traversent désormais ces pays prouve que la démocratie, telle que la conçoivent les Occidentaux, attachée au libéralisme politique et économique, ne se décrète pas, mais qu'elle réclame l'adhésion populaire et le dépassement des nombreuses forces identitaires. Ce sont des marqueurs forts au sein de pays en voie de développement, où la misère est encore grande, où le réseau social est d'abord celui du clan, du lignage, du village, bien loin de notre universalisme naïf, celui de Zuckerberg ou de la frange éduquée à l'occidentale. Brandir les 2,5 milliards d'internautes, c'est tout autant dire que 4,5 milliards, les autres, ne le sont pas.

Seulement, il faut s'interroger sur quel « homme nouveau » naît là-bas, dans la visibilité que donne, à nos yeux, la maîtrise de Facebook ou de Twitter, par quelques figures de proue urbaines et éduquées.

N'est-ce pas la victoire d'un discours qui épuise les sentences sur la mondialisation, la victoire annoncée de la démocratie, ladite fin de l'histoire, bref l'érection de mon voisin comme modèle ? Il tiendrait en ceci : le printemps des peuples arabes s'est réalisé grâce aux outils techniciens libérateurs qu'une mondialisation portée par l'occident a offerts. D'un autre côté, c'est tout aussi bien refuser d'admettre que ces mouvements de libération auraient pu être menés à bien sans les réseaux sociaux. La diversion constatée est celle qui ne fonde le pouvoir politique de ces outils que sur leur seule capacité à mobiliser les individus.

Les médias ont largement évoqué l'utilisation égale de l'internet par les dictatures en place, à leur capacité à couper physiquement les flux, isolant les internautes. Mais peu de choses ont été dites sur leur capacité à déresponsabiliser les citoyens par le biais du divertissement, à transformer la nature de la dissidence en le déplaçant dans un univers plus virtuel. C'est l'idée défendue par le chercheur Evgeny Morozov. Sans doute parce qu'il en est de même au sein de nos démocraties, que Castoriadis pestait de voir en oligarchies libérales, avec un glissement depuis longtemps vérifié du pouvoir de l'État aux acteurs privés et déterritorialisés. C'est tellement plus difficile à entendre vu de là où les solutions du vivre ensemble sont créées et censées être universelles.

Pourtant, sans doute faut-il voir, dans l'émergence récente de formes annoncées et spontanées de démocraties participatives, un élément – intéressant – de formes politiques renouvelées, un vent frais habermassien que d'aucuns analyseront comme une lassitude de la représentation ordinaire, du fonctionnement sclérosé et oligarchique des partis et de leurs émules ivres de pouvoir.

Il n'est pas innocent d'intégrer, à ces formes renouvelées de démocratie plus directe, sans figures professionnelles de la politique, cette expérience des réseaux sociaux et leur incapacité structurelle à intégrer les logiques partisanes donc bureaucratiques de la représentation politique commune. Il y a là un pas intéressant et résolument, oui, démocratique. Cependant, l'interrogation reste sur l'homme. Qu'a-t-il à désirer, donc à dire ?

CHAPITRE 5 - RESEAUX SOCIAUX ET VICTOIRE DU CAPITALISME INFORMEL

La gageure de la représentation

Nous avons vu l'appétit de certains à penser la société mondiale interconnectée comme un tout, mû par une sorte de conscience unitaire. Ces mêmes, ambitionnent d'en décrypter les logiques sous-jacentes par la représentation cartographique des réseaux. L'idée généreuse, notamment avancée par Yannick Rumpala, chercheur en sciences politiques à l'Université de Nice, est d'en voir le potentiel politique afin de réduire les risques liés à l'autonomisation technicienne (voir son blog *http://yannickrumpala.wordpress.com/*).
C'est une invitation à un investissement accru dans la connaissance des réseaux en mode réticulaire. Une immersion dans la jungle afin de remonter le tracé des lianes, d'appréhender les notions géographiques de lieux, carrefours,

synapses, afin, notamment, d'entrevoir plus précisément son propre positionnement et d'y forger une rigueur critique et un projet politique. La mise au jour des réseaux aurait comme profit salutaire d'éveiller sa propre conscience individuelle d'emmailloté à l'évidence du bon choix, de s'y investir dans le souci militant de renforcer les alternatives aux dérives actuelles. Concrètement, cela peut se résumer au choix sain d'intégrer une AMAP, de faire du covoiturage, etc. Une démarche cognitive à des fins utilitaristes pour une meilleure citoyenneté reprenant par là le vieil adage souvent détourné de Jacques Ellul « Penser globalement, agir localement ». Cela ne peut évidemment pas fonctionner pleinement pour les réseaux sociaux privés, évoqués dans cette étude. Leur appropriation même vertueuse ne saurait permettre d'agir en amont et d'influencer le discours qui les fonde.

Seulement, il y a un fantasme actuel qui est de représenter les interactions entre individus au cœur des réseaux en y intégrant les réseaux sociaux. La vision recherchée est à la fois synoptique - afin de mieux penser l'ivresse de la globalisation - qu'esthétique, telle la carte des amitiés Facebook. Peu à peu, le schéma heuristique a remplacé la carte et lui a pris son nom, plus simple, plus efficace. Des outils techniques prétendent répondre à ce souci de la représentation horizontale, remisant les anciens PowerPoint et leur mode de lecture linéaire au rayon des applications dépassées. Il y a Prezi et sa surface infinie où l'on place divers éléments positionnés, reliés et sur lesquels il est possible de zoomer afin d'en faire ressortir d'autres aspects et relations. Zoomer et dézoomer mais sans échelle, donc sans réelle verticalité ; glisser-déposer, mais sans repères, l'effet de survol et la fluidité concourant à l'esthétisation de ce que l'on souhaite montrer. Soit que tout est lié et que le complexe peut être lu, appréhendé et rendu public. La belle affaire. La démarche est-elle encore rationnelle ? Elle répond en tout cas parfaitement à la question que le système projette sur les inscrits des réseaux sociaux : tissez-moi une représentation séduisante de mon capital social afin d'en maximiser les avantages pour me rendre plus performant.

Seulement, qu'en est-il pour le quidam dont on demande plus de mise en scène que la mise en scène préalable opérée lors de l'inscription ? Que lui importent ces artifices de représentation territoriale alors qu'il est lui-même de plus en plus égaré, tant dans l'espace réel que dans l'espace virtuel où les éléments d'échelle, de distance, de parcours, de repères sont un non-sens. Le recours aux artifices d'aide à la navigation réduit la connaissance spatiale, altère le repérage. La fusion annoncée de ces deux espaces, aidée par le nomadisme et la réalité augmentée, surimposera ces signes de perte. Le territoire, que l'on comprendra comme l'appropriation de l'espace, n'étant plus lui-même qu'un simulacre.

« Plus de miroir de l'être et des apparences, du réel et de son concept. Il n'a plus à être rationnel, puisqu'il ne se mesure plus à quelque instance, idéale ou négative. Il n'est plus qu'opérationnel. En fait, ce n'est plus du réel, puisqu'aucun imaginaire ne l'enveloppe plus. C'est un hyperréel, produit de synthèse irradiant de modèles combinatoires dans un hyperespace sans atmosphère. » (Jean Baudrillard, *Simulacre et simulation*, édition Galilée, 1981)

La décrépitude actuelle des blogs, des forums, au profit des réseaux sociaux montre ce glissement d'une possibilité d'informer, d'argumenter et d'ouvrir au débat, à l'apologie de la communication et de l'extimité surexposée. A cela s'ajoute l'invitation à l'agrégation de communautés dont l'autosatisfaction est de savoir qu'elles existent en territorialisant internet. Cette opération se fait via des outils nullement neutres, appropriés par la mise à profit de ce que quelques firmes auront innervé. Cela montre à quel point les usages d'internet sont désormais inféodés à un nombre réduit de prestataires qui verrouillent les utilisations par le biais de concepts de communication qu'elles ont instillés.

La technique s'autonomise dans ses processus de décision par le travail d'algorithmes complexes assurant la mise en avant de ce qui aura reçu approbation et fait consensus. Par exemple, la comptabilisation des « j'aime » reproduits dans l'arène de la satisfaction affine, à chaque clic, le profil marchand de l'internaute, pouce levé. Les web-marketeux parlent d'engagement des fans et Facebook y voit une preuve de qualité éditoriale (!). À l'inverse, la médiocrité décrétée par le pouce baissé plonge les contenus ainsi sanctionnés dans l'oubli et la « déshérence sociale », nous dit-on. Cette autonomisation impulse une inévitable stratégie de publication de la part des inscrits, individus ou collectifs, totalement soumise à une bureaucratisation vertigineuse infligée par Facebook. Chaque contenu peut être délivré par le biais de filtres afin de toucher un public précis, faisant de l'internaute, le participant actif du ciblage pubard à des fins marchandes de ce qu'il donne à voir, reflet évident de ses propres intérêts. Stratagèmes misérables d'affichage pour une question d'affinage.

Toujours Baudrillard à la même source.
« [...] Derrière cette mise en scène exacerbée de la communication, les mass-médias, l'information au forcing poursuivent une irrésistible déstructuration du social. Ainsi l'information dissout le sens et dissout le social, dans une sorte de nébuleuse vouée non pas du tout à un surcroît d'innovation, mais tout au contraire à l'entropie totale. Ainsi les médias sont effecteurs non pas de la socialisation, mais juste à l'inverse de l'implosion du social dans les masses [...]. (Jean Baudrillard, *Simulacres et simulation*, édition Galilée, 1981)

Il ne faut pas hésiter à dire – n'en déplaise aux flagorneurs du technodoulisme ambiant, spécialistes et pédagogues - que la logique de consommation et d'abrutissement est ainsi perfectionnée par la technologie de communication dont les donneurs d'ordres installent, à coups d'artefacts à la mode, une société de contrôle qui asservit. L'information n'est pas plus manipulée qu'auparavant, mais les logiques de marketing du technodoulisme influencent, avec une nouvelle force, notre représentation du réel. « Tu ne saurais te passer d'un iPad » ou « Laisse tomber ton blog pour Facebook et Twitter pour l'immédiateté du flux et ta meilleure inscription dans la société, nombre « d'amis » oblige ».

Voyons l'important. C'est bien la structure technologique (porteuse donc d'un discours) des réseaux sociaux qui conditionne la représentation que l'inscrit se fera de lui-même si, lucide, il observe sa liste d'amis ou la publicité ciblée qu'il reçoit. La technologie crée l'image dans le miroir et fait illusion. C'est bien elle, dans son autonomisation, qui va conditionner l'accès de l'inscrit aux autres, aux services, à l'acceptation de ce qu'il va donner à voir et recevoir. Elle agit comme un puissant filtre de l'internet, prisme d'où partent/viennent les flux, car seuls les flux comptent. Et puis, la technologie influence largement le regard même que nous portons sur elle. Rappelons que face aux dangers de l'internet, la surenchère technique fournit également des solutions (logiciels de contrôle) permettant d'outrepasser les limites du discours sur les risques et de la nécessaire dimension de l'interdit.

Mais derrière cette pensée, il y a des figures, la technique n'étant pas neutre. Des acteurs économiques dont les puissantes logiques de marketing impulsent que leurs produits viendront répondre (et non initier, comble du cynisme) aux besoins naturels, primaires, que les sociétés pensent devoir satisfaire. Le gage de leur notoriété, de leur moralité se gagnant par l'extraordinaire communication autour de l'inéluctabilité d'un progrès salvateur. En période de crise, il faut bien trouver des sources de croissance et de contentement, où qu'elles soient.
Pour être efficace, le véhicule technodoule, qui réalise l'entre-soi, répond aux logiques de fiers communicants. Ce sont ces

logothètes formés aux meilleures écoles de management, annonçant aux novices en la matière que la réactivité dans l'immédiateté est le gage tant de bons business que d'intégration sociétale et sociale. Une rapide requête sur les ouvrages parus autour des réseaux sociaux montre que la primauté des parutions suit la réactivité de la sphère économique, de gestion des ressources humaines, à se les approprier.

Que sont les réseaux sociaux pour ces acteurs ? Une opportunité de communiquer massivement sur un nombre restreint de plateformes (suivant le phénomène de concentration). D'individualiser cette communication en prenant appui sur les communautés d'intérêts, sur les informations personnelles déclarées et déduites, la porosité de l'espace à soi de l'internaute lui amenant un marketing ciblé et envahissant, par martèlement. Sociétalement, les réseaux sociaux offrent une vitrine où les managers s'informent sur l'éthique de leur personnel, rendant visibles les plus hardis à s'accaparer la renommée de l'internet, bref à satisfaire, en substance, les conditions d'obéissance, de probité et de performance.

La technostructure de l'internet assène au non-spécialiste son autorité sur la question technique. Elle renforce une situation où l'internaute manifeste une admiration face à l'évidence des bienfaits imputables aux réseaux sociaux. Or, une évidence n'est pas contestable, ni critiquable. Le succès de Facebook, de Twitter sont cette évidence qui ne peut échapper à quiconque un tantinet raisonnable. La raison étant sucrée de discours technophiles, rehaussés par des considérations molles d'éthique, de psychologie et autres réceptacles de niaiseries qui caressent la doxa.

Les contradicteurs (souvenons-nous qu'ils sont réacs' et potentiellement trolls) sont bien souvent pointés dans leur incapacité à, pêle-mêle, ne rien connaître au lexique de la novlangue, ne pas parler correctement l'anglais de la globalisation, ne pas avoir deux sous de connaissances en programmation, etc. L'hyperconnecté doit être correctement équipé en artefacts onéreux à silicium, nomade, sans quoi il montrera ostensiblement des tares prouvant son incompréhension du monde actuel (mondialisation, exigences de générations fantasmées, digital natives). N'est pas geek et citoyen du monde qui veut.

Entre parenthèses, il est confondant d'assister à l'imprégnation, par toute une rhétorique, sur ces fameuses générations X, Y, d'origine anglo-saxonne et issues d'un découpage générationnel de la société occidentale selon des critères intellectuellement désastreux. Sans doute faut-il y voir l'espoir de faire émerger l'attachement intrinsèque des jeunes aux nouvelles technologies et ainsi légitimer les actions des technodoules (de la génération précédente) dans ce sens. Ceux-là feraient donc preuve d'anticipation éclairée. Ce découpage prouve par là une incapacité à accepter les formes d'inertie sociale. La génération Y, bien dans sa peau, bien dans sa tête, nomade, libre et affublée de colifichets techniques (reviens là, Jacques Attali) est celle du technodoule natif qui s'immerge dans son fantasme partagé du « monde tel qu'il est » et lui dedans.

Mais alors de quoi est-il fait ce monde ? La mystification observable des réseaux sociaux se fonde sur ce que Gilles Châtelet a raillé en « *[...] chaos des opinions, des offres et des demandes [...] particulières (qui) force le respect – comme toutes les entités ventriloques aux voix sans visage qui parlent avec leurs viscères* ». Châtelet reprend là une remarque de Von Hayek formulée, dès 1944, dans « *La route de la servitude* », voyant dans l'opinion publique ou le marché, des « entités ventriloques » dont les pressions sont plus supportables, car anonymes, que celles individuelles et aussitôt visibles d'un tyran.

Soit ce mythe de l'homme moyen résumant notre époque, car hissé par les statistiques comme autant de certitudes, noyant, sous la masse coagulée de l'identité collective du nombre, une majorité morale. Ainsi, le milliard d'inscrits sur Facebook ou les 500 millions de tweets par jour ne se discutent toujours pas et fondent l'autorité écrasante du corps social moyen constitué dans sa visibilité comptabilisée.

L'utilisation, toujours frauduleuse et apologétique, des valeurs absolues ou relatives écrasantes montre que le nombre a raison, que l'allant va de soi, que la vague se déroule dans l'ivresse joyeuse de son inéluctabilité. Observons que quasiment tous les sites et magazines spécialisés dans les nouvelles technologies de l'information et de la communication véhiculent quotidiennement ces statistiques, clous d'un discours forgé autour des certitudes que le préalable martelé montre qu'il est idiot de résister. Cette intelligence du nombre fut en son temps admirée par Jules

Romains évoquant dans « Les hommes de bonne volonté », en 1938, « *sa fluidité, son aptitude à [...] envelopper, s'engluer [...] à ployer sous le coup, à s'incurver sans se rompre [...]* ». Il évoquait les propriétés mécaniques du million d'hommes dans son destin mortifère durant la Grande Guerre. Cette masse sera bientôt et judicieusement réemployée dans sa capacité à consommer sa propre production industrielle, à créer, gonflée au-delà du milliard, un marché intérieur gigantesque sans cesse renouvelé, sans cesse insatisfait, gage de sortie des crises régulières du capitalisme.

Prenons la valorisation de Facebook à hauteur de 104 milliards de dollars lors de son entrée en Bourse au printemps 2012. Après la masse du milliard d'inscrits, voici, en corollaire, la masse vertigineuse du capital outrageusement bouffi, virtualité dégonflable par l'éclatement régulier des baudruches spéculatives. Nous avions commencé l'étude par l'idée que Facebook s'inscrivait dans la recherche d'une utopie sociale portée par son fondateur. Elle semblerait s'être déjà réalisée pour ceux qui avaient précocement acquis des parts de la société et qui, profitant de sa surévaluation, ont pu vendre en masse leurs titres. La pérennité du modèle n'a-t-elle d'importance que si elle répond à l'utopie ?
Le terme d'oligarchie prend ici tout son sens : les oligoï - étymologiquement « les peu nombreux » - de Wall Street et de Palo Alto (siège social de Facebook dans la Silicon Valley, près de San Francisco), ont tablé sur la surestimation outrageuse de ce qui doit pourtant être considéré comme un vacuum. Vide, car Facebook ne produit rien d'autre qu'une

illusion extraordinaire, celle que le milliard de connectés - dans sa capacité à communiquer, à créer de la masse informationnelle - produirait une plus-value de sens homologue à celle, économique, qui provient de la rotation accélérée du capital.

L'appât des solutions techniques de plus en plus tournées vers le nomadisme et la fluidité des informations transmises, fera le reste afin de s'investir, bien outillé, dans la plénitude branchée des réseaux sociaux. N'oublions pas qu'économiquement le marché appréciera ces conditions. De là, ce positionnement a posteriori et innocent du discours technodouliste qui est davantage un travail de sape sur la forme que sur le fond, ciblant avant tout les comportements des individus, par l'injonction de ce qui serait une « demande naturelle et légitime », auxquels les colifichets, applications et usages liés devraient répondre par leur consommation.

Résumons d'un trait : la société sans conflits, sans frictions, que les réseaux sociaux promeuvent est celle du marché parfait, car parfaitement fluide, bénéficiant de l'adhésion des masses aux comportements médians rationnels et vertueux (donc anticipatoires), dont les éléments communiquent sans entraves. Ceux-ci sont satisfaits de croire à l'optimisation de leurs préférences individuelles sous couvert de bonne moralité et de démocratie. Ajoutons-y la croissance, mot mana de sortie de crise.

Le réseau social qui se tisse entre les individus est la promesse que le fantasme originel (prenons celui de Zuckerberg) est possible, que la mégalomanie se partage, s'affiche, se décline par les principes d'universalité des valeurs libérales et d'insertion obligée dans ce qui devient une injonction sociale. Force est de constater, à partir de là, que de ce sentiment de perte de contrôle, de ce qui « va de soi », de ce qu'on ne peut enfreindre, se nourrit l'ambivalence, toujours plus manichéenne, entre ceux qui partagent la foi et sont dans la vérité et ceux qui refusent ce que leurs contradicteurs ancreront au progressisme libérateur.

C'est Ellul qui a raison quand il caractérise l'homme à la fois totalement adapté à la technique, fasciné par les facilités qu'elle lui impose et diverti pour que lui échappe l'aliénation de sa condition. Il évoque dans « *Le bluff technologique* », écrit en 1988, ce grand dessein où les conflits, à toutes les échelles, seraient absents et pressent son accomplissement futur.

« En somme, les quatre impératifs du grand dessein, déjà très largement accomplis, se ramènent à faire l'impossible pour que l'homme ne voie, par lui-même, ni sa propre vie ni la réalité du monde dans lequel il se trouve. Au milieu de l'exaltation de ce monde communicationnel et informationnel, le grand choix qui est effectué est le choix de l'ignorance (tel est le grand dessein) ». (Jacques Ellul, *Le bluf technologique*, Hachette, Paris, 1988)

Pour Ellul, les quatre impératifs demandés à l'homme sont de faire son travail, de se désengager de la chose politique, de consommer, de suivre la doxa dominante et véhiculée par les médias. Pour Gilles Châtelet, ces impératifs produisent crainte, envie et conformisme.

Cette soumission est préconisée par de nombreuses voix autorisées. Pensons aux philosophes débonnaires et médiatiques, les experts de l'anticipation, les pédagogues ludo-éducateurs du bien-être social. Ils forment un ensemble scientiste, satisfait de proposer la solution technique au plus de démocratie, au toujours plus de droits de l'homme, au toujours plus de développement durable que notre époque dite post grands récits nécessiterait. Le but étant de rassurer, d'amener à l'enthousiasme, à la croissance, de rehausser le moral des consommateurs dûment sondé tous les mois et rarement optimiste.

Retenons ici les propos de Michel Serres que l'on a vu autrefois plus crédible et critique, ébahi face à la génération dactylolysée de ceux qu'il nomme « poucets » eu égard à leur dextérité à envoyer SMS ou tweets via smartphones. Honorons son pragmatisme face à la réalité du monde et à l'adaptation en cours d'une société qui s'adapte aux mutations techniques. Soyons donc indulgents, c'est difficile pour elle ! Jouissons de cette vision naïve, toujours teintée d'anecdotes (à la manière de l'Histoire pour les Nuls, seule façon de recueillir l'attention de son public, proclamé nul), abreuvée d'universalisme et entrainée par la rancœur des excès de sa génération qu'il oppose. Facebook valant mieux que les anciens totalitarismes, notre monde vit en paix, non ? Éludant totalement les stratégies prédatrices à l'œuvre et tombant dans de faciles anachronismes, sans doute Michel Serres devrait-il relire Orwell…

La déresponsabilisation est totale, ce qui signifie que l'abrutissement général ne peut trouver de responsables. En trouver anéantirait les espoirs de nos technodoules, managers, « responsables politiques » à se persuader et à en persuader les autres que l'inéluctabilité du progrès technicien ne peut que rendre libre.

Une des grandes nouveautés apportée par les réseaux sociaux numériques, c'est leur gourmandise à récolter puis accumuler les données du collectif. L'outre s'emplit, trie, rationalise, géolocalise, distribue, vend. Dans cette logique où le mangeur ne peut être rassasié, il y a donc intérêt à valoriser les échanges volatiles et pauvres, à exacerber leur formatage, le dire se calquant sur les modes de production intensifs que l'on observe dans l'élevage hors-sol (en porcherie aurait pu dire Gilles Châtelet). En figures responsables et décomplexées, des lobbys regroupant ces firmes transnationales, désireuses, par exemple, de modifier la future loi européenne sur la protection des données personnelles. En soutien, l'État américain ou le CDT (Centre pour la démocratie et la technologie), think tank fort de ses universitaires du MIT (Massachusetts Institute of Technology) et de Berkeley, en collusion - principe de la technopole - avec les riches entrepreneurs et donateurs de la Silicon Valley (ce qui nous ramène aux figures pensantes des réseaux sociaux). Cette oligarchie milite activement contre toute régulation, jugée anti-libérale, afin que la crème prenne bien entre démocratie et technique, l'un dans l'autre, question de fluidité, nous l'avons vu. Le capitalisme informel a horreur des grumeaux.

L'extraordinaire diversion que produit ce capitalisme c'est donc de ramener les réseaux sociaux à la seule sphère socio-culturelle, à des valeurs libérales qui font l'unanimité et n'admettent quasiment aucune critique sous peine de passer pour réactionnaire, passéiste et poussiéreux. La diversion utilise la technique comme vecteur évident de progrès. Pour le philosophe Jean-Claude Michéa, cette imprégnation se remarquerait au sein des partis dits de gauche, incapables de décloisonner le capitalisme de la seule sphère économique/productive pour en voir l'aspect totalitaire. A n'en pas douter, le gauchiste potentiel (ou tout autre animal) utilisera le bouton « like » pour avaliser cette idée. La critique glisse sur le gloss des écrans devenus tactiles, c'est connu.

CONCLUSION

<u>La pratique des réseaux sociaux : une nécessité critique ?</u>

Pour « comprendre » les réseaux sociaux, il aura fallu entreprendre des compromis temporaires dont il semblait impossible de se passer. Nécessité donc de s'y inscrire, de s'y plonger. La complaisance vis-à-vis de cette « zone grise » d'indistinction a cristallisé une certaine forme de honte. Honte, non pas à l'idée d'avoir alimenté, participé comme n+1 à la consolidation d'un processus porté par une fable d'universalité, mais d'avoir été souillé par la dissolution d'une marge par-delà laquelle on pouvait (au moins par le verbe) se réfugier, donnant raison à Deleuze : « *La honte, c'est que nous n'ayons aucun moyen sûr pour préserver, et à plus forte raison faire lever les devenirs, y compris en nous-mêmes* ». (Gilles Deleuze, *Le devenir révolutionnaire et les créations politiques*, entretien avec Toni Negri, revue *Multitudes, 1990)*.

Le risque de l'immersion, c'est justement de contempler, de l'intérieur, la cathédrale, l'immense nef nervurée de flux, et de prendre les réseaux sociaux comme un objet à part entière dont on tenterait de sonder la profondeur par les possibilités. Le développement durable connaît également cette dérive quand la planète, conscience insondable, est vue par un mythe de Gaïa renouvelé. Le piège est là.

Bien des enseignants et chercheurs, sociologues ou psychologues, se sont adonnés à cette praxis. Peut-être y comprendrons-nous ces formes de complaisance qui ont pu aller jusqu'au prosélytisme devant des parterres d'étudiants conquis, twittant leur raison d'être dans le marécage du communiquer coûte que coûte. Après tout, les amphithéâtres, les bibliothèques universitaires, ne sont-ils pas devenus des « maisons de vie » où l'étudiant sérieux devra s'accommoder des lip-dub, flash-mobs et autres manifestations publiques de son bien-être, entendus et validés comme participation active à des projets collectifs donc civiques (tout ce qui suppose un dépassement de l'individualisme est, de nos jours, perçu comme preuve de civisme). Dans la logique concurrentielle pour l'aisance, le bruit vaut le silence, la distraction vaut le travail et les réseaux sociaux concourent à détruire cette discontinuité, perçue comme révolue, car outrage à la jouissance et à l'émancipation sociale.

Finalement, la vacuité ne réclame rien, seulement une nécessaire distanciation. Pour autant, que faire ?

Quelle éducation transmettre ?

« On ne pourra pas aller contre le mouvement d'importation de la vie privée dans l'espace public. Il faut que la relation professeur-élève reste fondée sur la transmission des savoirs ». (Patrick Rayou, professeur en science de l'éducation à l'université Paris VIII, en conclusion d'un article intitulé *« Mon prof, mon ami... sur Facebook »*, Le Monde du 19 mai 2010).

Voilà la conclusion-type d'un de ces articles portant sur l'utilisation des réseaux sociaux à des fins pédagogiques. Au-delà d'un appel à la raison, au bon sens (on l'on sait, avec Roland Barthes, que l'altérité est antipathique au bon sens), la réflexion part d'un postulat simple. Les réseaux sociaux sont là, on n'y peut rien. Ils offrent des opportunités d'apprentissages qui recevront un bon accueil de la part des enseignants et surtout des élèves, déjà largement utilisateurs.

À partir de l'état de fait de leur existence et de leur prégnance dans la société, s'érige toute une littérature utilitariste, positiviste, créatrice d'une offre pédagogique décomplexée qui se formalise comme une rupture novatrice. L'inertie du corps enseignant est ainsi montrée dans sa cécité à comprendre les pratiques d'élèves qui utilisent les réseaux sociaux pour accéder à l'information et communiquer avec efficience. L'institution aurait donc un retard à combler pour être en phase avec l'existant, pour l'épouser et conforter - par onction pédagogique - la légitimité d'investir Facebook à l'école ou l'école dans Twitter, on ne sait plus trop. Il faut donc, pour l'adulte, accepter d'être à l'écoute des élèves afin de les rendre plus réceptifs aux règles d'éthique qui supposeraient la bonne utilisation des réseaux sociaux. En cas de scepticisme ou de refus, les enseignants feraient preuve d'hostilité à l'égard des grandes transformations de la société. D'où l'invitation (ferme) à prendre en compte ces nouvelles aptitudes que les élèves se sont eux-mêmes forgées. Une solution pour rapprocher l'école des compétences à celles requises par une société post-industrielle, massivement ancrée dans le sacro-saint numérique qui, à lui tout seul, comble de sa narration le vide opéré par la disparition fêtée des grands récits. La psychologie y ajoute son zeste : l'enfant sur Facebook cherche la reconnaissance des adultes, nous dit Serge Tisseron. Et puis, il faut éviter son ennui chronique à l'école, l'intéresser, titiller ce qui suscite déjà en lui intérêt et sourire.

Cela donne : « Initier à la citoyenneté et au débat argumenté sur Twitter », « Comment se protéger correctement sur Facebook ? », etc. Le tout doit permettre à l'élève de construire sainement son identité numérique tout en acquérant des compétences. Les créateurs de ses ressources seront auréolés comme passionnés, précurseurs, audacieux, inventifs. Leurs suiveurs seront à encourager, à féliciter d'avoir franchi le pas, d'avoir remisé la craie (car le technodoule aime cette dualité entre le poussiéreux et l'aseptisé) au profit d'une prise de risque vers ce qui plait aux élèves. Le plaisant étant important, il s'est déjà affranchi de l'esprit de sérieux, de la prise de risque, ne serait-ce que par l'invasion du ludique, de la manipulation chronophage par didacticiels ou de la disparition de la note, trop traumatisante quand elle est mauvaise. L'outil numérique étant encore largement vu comme une finalité, la somme d'opérations, de gestes, a pour but de créer des automatismes, des réflexes, ersatz d'une condition industrielle qu'Henry Ford aurait apprécié.

Finalement, l'intégration encore précoce, mais à venir des réseaux sociaux dans les méthodes d'enseignement est un pas de plus pour voir la technologie comme une réponse à l'innovation pédagogique et à la rationalisation des modes d'apprentissages. En cela, elle permettrait de satisfaire tant les caprices mondialisés, projetés sur les élèves, que les aspirations apologétiques de Facebook ou Twitter, relayées par les prestataires d'équipements (applications, tablettes, smartphones). La solution préconisée est donc de créer une surenchère qui produirait une réaction pulsionnelle de satisfaction, nécessaire pour obtenir l'attention tant convoitée.

Les apprentissages proposés sont trop souvent de l'ordre de l'utilitaire voire du service rendu et sont soumis à instrumentalisation. C'est parce que les élèves sont sur Facebook qu'il est utile de prendre en compte leurs aptitudes et de nourrir leur savoir-être, nous dit-on. Dans sa position avalisante, l'offre pédagogique vers les réseaux sociaux est tout simplement de l'ordre de la transaction et ne répond plus à celui de la transmission. Elle cadre parfaitement avec l'évaluation par compétences et pose l'enseignant en opérateur, prompt à rationaliser, standardiser, pour plus d'efficacité, l'élève lambda en utilisateur médian, vertueux et attentif dans son utilisation du numérique.

Pour convertir les plus hésitants, les technodoules-pédagogues reprendront, comme exemple précurseur et parallèle, l'éducation à la sécurité routière dans les établissements scolaires. En France, les 32 millions de voitures dament encore le pion aux 26 millions d'inscrits à Facebook. C'est une question de gros chiffres, on ne peut trouver mieux comme référence à l'adhésion : bonnes pratiques, comportement civique face à l'exposition des risques, attestation préalable pour l'obtention du permis de conduire.

De nouveau, en route avec Gilles Châtelet :
« [...] *Les célébrants de l'Être suprême invoquent les hécatombes routières, le coût en vies humaines [...]. Que ne voient-ils ces résistances et ces hécatombes obéir à une logique autrement fondamentale que celle attachée à la préservation de sa propre vie ? Il y a en effet du maintien stratégique d'un lieu mobile du privé hors d'atteinte des décisions et des manipulations collectives, de la préservation d'une autonomie maximale dans les décisions individuelles, toute atteinte à celles-ci étant comprise comme l'indice possible d'autres atteintes, le signe possiblement avant-coureur d'un enchaînement antidémocratique à l'échelle de la société tout entière.* » (Gilles Châtelet, *Vivre et penser comme des porcs*, **Exils**, 1998).

Cette citation est tout à fait adaptable à l'éducation aux réseaux sociaux. L'accomplissement des flux se fait sur de nouvelles autoroutes, celles de l'information et de la communication, autre accessit vers la félicité. Ainsi, nous pouvons sans crainte nous réapproprier, pour notre affaire, ce que disait Barthes dans ses Mythologies à propos de l'automobile : « *[...] consommée dans son image, sinon dans son usage, par un peuple entier qui s'approprie en elle un objet parfaitement magique* » (Roland Barthes, *Mythologies*, Seuil, 1970).

Au-delà des sermons et incantations, il est aujourd'hui difficile d'entrevoir la possibilité même du moment critique. Nous avons vu que les réseaux sociaux intègrent parfaitement la vision duale entre ce qui est vertueux (se faire des amis, s'ouvrir, communiquer...) et la possibilité des menaces (harcèlement, utilisation de données privées...). Comment dépasser cette dichotomie ? Le travail de l'esprit est-il, en classe, incité par les instructions officielles pour créer les conditions d'un basculement ?

Prenons l'inscription des réseaux sociaux dans les nouveaux programmes de 1ère en sciences économiques et sociales ; une apparition concomitante à la disparition remarquée des « classes sociales ». Les réseaux sociaux et leurs avatars numériques y étant réifiés, les programmes les montrent comme matriciels. L'objet d'étude se posant désormais sur les flux tissés et non sur les individus, la stratification sociale y est remisée au profit du capital social. Voyons ce dernier comme une sorte de pelote de laine individuelle, plus ou moins grosse, et que le bon sens performatif aimera voir échevelée, trainant ses fils dans toutes les directions. Facebook, Twitter, LinkedIn, Viadeo, et les autres, renouvelant la machine à filer à échelle du globe. La connexion permanente, l'instantanéité de l'échange et son renouvellement incessant, sous-tendent que le fonctionnement économique en flux tendus est aussi, déjà, celui de l'élève. La flexibilité en résultante sociale, un rien suffit (un whopper ?) à délester son capital de ce qu'il est naturellement inconsidéré d'appeler « amis ».

Le glissement opéré vers une éducation à la cyberdémocratie reprend les vieilles lunes d'une technique salvatrice, annonciatrice de développement et d'égalité. Internet a renouvelé l'horizon de ce progressisme. L'évolution des référentiels de compétences autour du numérique, par lesquels les élèves sont évalués, montre une part de plus en plus importante de l'attitude à tenir face au préexistant. Passant mieux par la première personne du singulier, cela donne : « Je sais pourquoi je me connecte à un réseau social et à quoi il me sert », à la fois affirmation convenue (nullement une question) et item à cocher d'un intitulé annonçant : « Exploiter les spécificités des différentes communications en temps réel ou différé » (*Feuille de position du Brevet Informatique et internet au collège, novembre 2012*). Elève, je dois donc savoir pourquoi j'en suis pour mieux exploiter ce qui me rendra performant. Il y a là un renversement du positionnement de l'école, devenue simple outil au service de la technique prétendue émancipatoire.

Revenons, pour terminer, à l'idée maitresse de Jacques Ellul pour qui tout problème est devenu technique et réclame, pour le résoudre, un surinvestissement technique réclamé par les technodoules.

Les réseaux sociaux par l'internet ne sont-ils pas la forme mondialisée, virtuelle et illusoire de cette surenchère créée pour contrebalancer la dissolution du lien social observée aux États-Unis, au plus fort des années 90 et dont l'essor technicien est grandement responsable ? Périurbanisation en immenses suburbs, gated communities, désyndicalisation, précarité, solitude, sont les stigmates connus. Assister, en pessimiste, à la victoire de Facebook ou de Twitter, c'est être conscient du contexte qui en a assuré la possibilité et le renouvellement pour une pérennité qui n'a finalement d'autre but que de servir de diversion (voici la sixième occurrence du terme dans cet essai).

La doxa se forge une fois de plus sur ces discours-clous à la fois lénifiants et manichéens, crucifiant la critique, évacuant toute considération de ce que sont réellement les réseaux sociaux : le résultat des logiques socio-économiques, culturelles, idéologiques et techniques qui en déterminent l'existence et les possibilités d'utilisation vers l'inféodation. Les faisant devenir acteurs, prestataires du marché de l'éducation, la formation dispensée refuse de considérer qu'ils relèvent des industries communicationnelles de masse ou capitalisme informationnel. Du moins, elle ne s'en soucie pas.

Alors de quoi se soucie-t-on ?
Du consensus autour de la fracture numérique, qui fait office d'alibi dans les discours. Ne faut-il pas toujours faire plus pour la combler quand elle n'a de cesse de se creuser ? C'est aux yeux des technodoules un mal à la fois nécessaire et une fatalité. Mal nécessaire pour assurer la légitimité et la portée

de leur prêche ; fatalité, car il n'y aurait pas d'autre alternative à ce que les réseaux sociaux participent à l'accélération d'un mouvement qui assoit l'autonomisation technicienne en fondement de dépossession. La société entière doit être versée dans le numérique et des politiques de résorption sont engagées. A la pointe, les jeunes générations, dites « digital natives », nées dedans, intrinsèquement façonnées par l'écran, s'opposent aux engourdis des doigts, préférant le papier aux surfaces tactiles glossy. Un vocabulaire d'opposition en résulte où la fluidité et l'aseptisé s'opposent à la lenteur, à l'hésitant et au poussiéreux. Enveloppés par ce manichéisme discursif sidérant, précipitant les actions à mener, d'aucuns (en vérité, tous les acteurs de l'éducation) trouveront donc naturel de combler cette fracture qui prend ici sa tournure générationnelle.

L'école enseigne le numérique pour coller à la réalité fantasmée d'une génération dont la doxa assure qu'elle y est intrinsèquement poreuse et porteuse. La porosité s'affirme derechef comme un postulat qui n'amène à aucune inquiétude. Au contraire : s'en réjouir, c'est épouser l'optimisme guilleret qui y voit une source d'émulation et de croissance post-industrielle. Cela ouvre bien des perspectives sur la société en devenir, sur ses aptitudes actuelles (validées à l'école) auxquelles viendront répondre, anticiper même, les successeurs de Facebook et de Twitter. Cela se fera dans le même moule, avec le même téflon - gage de glisse donc de fun -, qui a déjà permis leur victoire, le tout rehaussé du tour de passe-passe que cela viendra répondre aux besoins naturels d'une société libérale, libérée et avide de démocratie.

BIBLIOGRAPHIE

Quelques livres importants, critiques, évoqués dans cette étude, qui ont anticipé et/ou analysé la société en réseaux :

- Jean Baudrillard, *Les stratégies fatales*, Grasset, 1983.
- Jean Baudrillard, *Simulacre et simulation*, Galilée, 1981.
- Luc Boltanski, Eve Chiapello, *Le nouvel esprit du capitalisme*, Gallimard, 1999.
- Cornélius Castoriadis, *Les Carrefours du Labyrinthe, 6 tomes*, Seuil, 1978-1999.
- Gilles Châtelet, *Les animaux malades du consensus*, Lignes, 2010.
- Gilles Châtelet, *Vivre et penser comme des porcs, de l'incitation à l'envie et à l'ennui dans les démocraties de marché*, Exils, 1998.
- Gilles Deleuze, Félix Guattari, *Mille plateaux*, Editions de minuit, 1980.
- Jacques Ellul, *Le bluf technologique*, Hachette, Paris, 1988.
- Jean-François Lyotard, *La condition postmoderne, rapport sur le savoir*, Les éditions de minuit, 1979.
- Jean-François Lyotard, *Le différend*, Les éditions de minuit, 1984.
- Herbert Marcuse, *L'homme unidimensionnel*, Les éditions de minuit, 1968.

TABLE

www.ingramcontent.com/pod-product-compliance
Lightning Source LLC
Chambersburg PA
CBHW051827250726

48659CB00005B/1713